은혜 아니면

_____ 님께
귀한 마음을 담아 드립니다.

은혜 아니면

Without Thy Grace

은혜 아니면

김학재 지음

교회성장연구소

| 추천사 |

하나님과 함께하는 삶

　사도 바울은 인생의 말년에 차갑고 쓸쓸한 감옥 안에서도 하나님을 향한 감사의 고백을 그치지 않았습니다. 자신의 인생에 함께하신 하나님의 은혜가 너무나 크고 너무나 넓고 너무나 높고 너무나 깊었기 때문입니다. 사도 바울뿐만 아니라 하나님을 믿는 사람은 누구나 그러할 것입니다. 인생이라는 것이 기쁠 때도 있고 슬플 때도 있지만, 하나님이 함께하시면 세상이 줄 수 없는 놀라운 평안을 누릴 수 있습니다. 그러므로 하나님과 함께한 삶은 어떠한 인생이든지 아름답고 복된 것입니다.

　이 책은 하나님과 함께하는 삶이 얼마나 복된 것인가를 잘 보여 줍니다. 저자인 김학재 장로님은 늘 주님께 순종하고 헌신하는 모습을 통해 우리 교회의 본이 되시는 분입니다. 언젠가 장로님이 발이 퉁퉁 붓고 발가락이 썩어 가는 외국인 노동자를 저에게 데려온 적이 있습니다. 그때 그분의 치유를 위해 간절히 기도하는데, 장로님도 옆에서 얼마나 간절히 기도하던지 제 마음이 뭉클했던 기억이 있습니다.

　김 장로님은 하나님과 함께했던 지난 시간들을 회고하면서 자신의 삶이 하나님의 선물이었다고 고백합니다. 그리고 이 책을 통해 그의 인생 여정에 함께하신 하나님의 은혜를 진솔하고 생생하고 감동적인 언어로 전해 주고 있습니다. 아무쪼록 이 책을 읽는 모든 분들이 살아 계신 하나님을 더 깊이 만나고 늘 하나님과 동행하는 기쁨과 감격을 회복하게 되시기를 바라며 이 책을 기쁜 마음으로 추천합니다.

2017년 4월
여의도순복음교회
원로목사 조용기

| 추천사 |

'절대 믿음, 절대 감사의 신앙으로'

⋮

예수님을 영접하고 하나님의 자녀가 된 우리는 절대 긍정, 절대 감사의 모습으로 하나님을 기쁘시게 해야 합니다. 하나님께서는 어떠한 상황에서도 하나님을 신뢰하는 굳건한 믿음으로 나아가는 사람을 기뻐하십니다.

감사로 제사를 드리는 자가 나를 영화롭게 하나니 그의 행위를 옳게 하는 자에게 내가 하나님의 구원을 보이리라"(시 50:23)

감사는 하나님을 영화롭게 할 뿐만 아니라 또 다른 기적을 만들어냅니다. 우리가 감사의 삶을 살면 풀리지 않을 것 같은 문제가 풀리고, 삶의 놀라운 변화를 경험하고, 풍성한 재정의 축복 또한 받을 수 있습니다.

　김학재 장로님은 하나님을 향한 절대적 믿음과 감사로 한결같이 교회를 섬겨오셨습니다. 이번에 출간한 『은혜 아니면』을 통해 많은 사람들이 지금껏 김학재 장로님의 삶을 이끌어주신 하나님의 놀라운 은혜를 함께 나누기를 원합니다. 특별히 믿지 않는 영혼들을 향한 전도의 도구로 본 책이 사용되기를 기대합니다. 본 책을 통해 귀한 전도의 열매들이 많이 맺히게 될 것이라 믿습니다.

　『은혜 아니면』을 읽는 모든 독자들이 김학재 장로님의 삶에 늘 동행하시며 언제나 등 뒤에서 용기와 힘을 공급해 주셨던 하나님의 푸근한 사랑을 함께 느끼기를 소원합니다. 불안한 세대를 살아가는 세상에 희망을 전하고, 하나님의 살아 계심을 많은 이들에게 알리는 책이 되기를 간절히 기도합니다.

2017년 4월
여의도순복음교회
담임목사 이영훈

| 서문 |

오직 하나님만
기쁘게 해드리며 살 수 있다면

"할렐루야! 나의 힘이 되신 여호와여 내가 주님을 사랑합니다."(시 18:1)

아무리 오래전이라고 해도 생각할 때마다 그 당시의 감격이 고스란히 되살아나는 일들이 있다. 사람의 뇌가 기억을 떠올릴 때 그와 관련된 감정까지 함께 재생한다고 하던데 그 때문일까? 지금까지 살아온 많은 날 가운데 나의 삶에 다가오셔서 역사하셨던 좋으신 하나님에 대한 경험은 늘 심장을 고동치게 한다. 해바라기가 태양이 움직이는 방향을 따라가듯, 지금도 나는 어린아이처럼 '어떻게 하면 하나님을 기쁘게 해드릴 수 있을까?' 하는 생각으로 하나님만 바라보며 그분의 뜻을 이루기 위해 노력하고 있다.

모세는 시편 90편에서 사람의 일생에 대해 이렇게 표현했다.

우리의 연수가 칠십이요 강건하면 팔십이라도 그 연수의 자랑
은 수고와 슬픔뿐이요 신속히 가니 우리가 날아가나이다

(시 90:10)

그가 살던 시절에는 사람의 평균 수명이 70세 정도였던 - 개중에는 80세까지 사는 건강한 이들도 있었지만 - 것 같다. 그런데 모세는 70을 살든 80을 살든 인생이 고생과 슬픔으로 가득하며 덧없이 지나가 버린다고 비관했다. 이제 70세의 능선을 넘은 나도 그의 생각에 동의한다. 지금 이 순간까지 나의 등 뒤에 살아 계셔서 내 삶에 함께하시며 역사하셨던 주님께 감사와 찬양과 영광을 드린다.

주님은 오래전부터 지나온 내 인생길 가운데 하나님이 행하신 일들을 글로 적어 정리해 보라는 마음을 주셨다. 하지만 사는 게 바빠서 글을 쓰는 데 엄두를 내지 못했었다. 그러던 어느 날, 주변 분들의 격려와 도움으로 휴가 중에 어렵사리 펜을 잡게 되었다. 놀랍게도 집필 기간 내내 성령 하나님께서 내 생각과 손을 끊임없이 주장하셔서 책 쓰는 데 집중하게 하시고, 중단 없이 밤낮으로 글을 쓰게 하셔서 지나온 삶을 사실 그대로 원고지에 담아 단숨에 완성할 수 있었다. 어느 날은 아내의 잠을 방해하지 않으려고 한밤중 달빛 아래에서 글을 써 내려가기도 했다.

처음에는 이 책을 통해 내가 경험한 숱한 기적과 주님의 역사

를 드러내고 싶었지만, 써 내려가는 동안 연약하고 보잘것없는 내 삶 가운데 나의 힘이 되시고 순간순간 역사해 주신 하나님이 어떤 분이신지 알게 되었고, 그 경험을 그대로 전하고 싶다는 마음으로 바뀌게 되었다. 우리 삶 가운데 하나님이 어떤 분인지 아는 것보다 중요한 것은 없기 때문이다.

부디 이 책이 이 세대를 살아가는 그리스도인들에게는 더욱 견고한 믿음을 지키는 길이 되며, 다가오는 불확실한 미래 앞에 서 있는 젊은이들에게는 두려움과 걱정 대신 영적 도전을 받는 계기가 되어 살아 계신 그분의 임재를 삶 가운데 깨닫고 체험하는 데 도움이 되었으면 좋겠다. 그리고 무엇보다도 책을 읽는 모든 분들이 고달프고 외로운 시간이 닥쳐올 때, 등 뒤에서 우리를 바라보고 계시는 하나님을 기억하기를 간절히 소망한다.

나는 내가 큰 믿음을 가졌다거나 하나님의 특별한 사랑을 받고 있다고 생각하지는 않는다. 그분이 그런 은혜를 먼저 베풀어 주셨다. 하지만 아무래도 글이라는 것을 처음 써 보는 나로서는 하나님이 행하신 일들을 올바로 전달했는지 걱정도 된다. 혹시라도 그분의 성품과 영광을 가리지 않았을지 두렵고 떨린다. 모든 것을 내려놓고 그대로 적어 내려간 진솔한 글이라 하더라도 읽는 이의 입장에서는 부족하고 어수룩하게 느껴질 수 있을 것이다. 그렇지만 이 책의 모든 내용이 실제로 일어난 일들에 대한 간증이라는 것만큼은 분명히 밝힐 수 있다. 삶의 순간순간마다 살아 계신 하나님이 함께하시는 것에 대한 순수한 기록으로 이해해 주기 바란다. 그렇게 생각해 준다면 졸필로 인한 부담감에서 약간이나마 벗어날 수 있을 것 같다.

넘어지고 쓰러져도 오뚜기처럼 다시 일어날 수 있었던 경험들은 결코 내 힘과 용기 때문이 아니었다. 언제나 등 뒤에서 나를 지켜보시며 위로하시고 힘이 되어 주신 하나님이 함께하셨기에 가능한 일이었다. 이 책을 읽는 가운데 여러분도 내가 만났던 바로 그 살아 계신 하나님을 만날 수 있을 것이다. 여러분도 그분을 찾고 바라보라. 실족하거나 암담한 상황이 다가올지라도 살며시 붙잡아 일으켜 주시는 주님의 손길을 통해 큰 위로와 힘을 얻는 체험이 이루어기를 간절히 소망한다.

사실 이 책은 손이 아니라 삶으로 쓴 것이다. 지금 여기까지 나와 함께해 준 고맙고 감사한 사람들이 없었다면 이 책은 세상에 나올 수 없었으리라. 그러니 이들은 모두 이 책의 공동 저자들이다.

먼저 이 책을 쓸 수 있도록 순복음 신앙의 바탕인 사차원의 영성으로 믿음을 키워 주신 조용기 원로목사님과 말씀으로 믿음을 붙잡아 주시는 이영훈 담임목사님께 감사드린다. 그리고 내 신앙의 선배이자 이 책에도 등장하시는 이종석 장로님, 당황스러운 상황에서 귀한 조언을 해주셨던 양만득 장로님, 기도가 필요할 때마다 뒤에서 기도로 밀어주시던 이전사 목사님, 찬양의 열정을 가르쳐 주신 장근무 장로님, 절체절명의 상황에서 기도로 강력한 힘을 주셨던 문민섭 장로님께 감사드린다.

　무엇보다 귀한 신앙의 유산을 물려주시고, 소천하시기 바로 전날까지도 영혼을 사랑하는 마음으로 직접 구독료를 지불해서 스무 명이 복음 실은 〈국민일보〉를 받아 볼 수 있게 하는 전도의 본을 보이시고, 천국으로 가신 내 어머니 권현순 권사님께 진심으로 감사드린다.

　이 시간 힘들었던 시화공단 외국인 선교를 위해 고생하며 봉사하던 분들의 모습도 어제 일처럼 또렷이 생각난다. '초인적'으로 함께 선교사역을 감당했던 김형근 전도사님(현 교회성장연구소 본부장 목사님), 그리고 남들은 예배만 드리고 편히 쉬는 주일에 강단 장식용 꽃을 양손에 가득 들고 매주 시화공단까지 전철과 버스를 타고 와 봉사하던 구 집사님, 외국인 노동자들에게 한글을 가르치시던 문 집사님, 선교회의 여러 궂은일과 함께 외국인들에게 줄 헌 옷을 나르시던 최광해 집사님과 이명환 집사님…. 아무도 알아주지 않는데도 끝까지 자비량으로 신실하게 섬기던 그분들이 보고 싶어진다. 사랑의 하나님께서 그분들의 정성 어린 봉사를 기쁘게 받으셨을 줄 믿는다.

　그리고 시화 외국인교회에서 힘들게 120명분의 카레라이스를 만들면서도 기쁜 마음으로 앞치마를 두르고 환하게 웃으며 함께 봉사해 준 아내 양인혜 권사를 빼놓을 수 없다. 40년 동안 부부로 살아오는 내내 부족한 남편을 도와주고 받아 준 아름다운 동역자

아내에게 감사의 마음을 전한다. 그리고 예배 전 찬양을 돕던 아들 승수에게도 고마움을 전하고 싶다.

그리고 마지막으로 가장 감사한 분은 '당연히' 내 주님이시다.

주님. 제게 허락된 삶이 얼마나 남아 있는지 알 수 없지만, 하루를 살든 한 시간을 살든 당신을 온전히 기쁘게 해드리기 원합니다. 주님이 주신 이 생명으로 당신과 동행하며 절대감사와 순종으로 살다가, 저를 부르시는 그날 기쁨으로 주님 앞에 서겠습니다. 지금까지 그랬던 것처럼 언제까지나 제 등 뒤에서 말씀해 주세요.

사랑의 주님. 감사합니다.

2017년 4월
여의도순복음교회 원로장로 김학재

| 차 례 |

○ 추천사 • 04
○ 서문 • 08

○ CHAPTER 1
등 뒤에서 도우시는 능력의 손길 • 16

마음속에 들려온 음성 / 내 삶에 새겨진 하나님의 흔적 / 기적을 보다
기적을 체험하다 / 국가적 대참사를 막아 주시다
모든 사람을 향한 차별 없는 은혜 / 가장 귀한 믿음을 물려주신 어머니

○ CHAPTER 2
오직 하나님만 나의 도움이시라 • 54

어렴풋한 기억 속의 하나님 / 하나님을 만나다 / 나의 '백'이 되신 하나님
사장에서 실업자로 / 억울한 누명을 쓰다 / 영혼의 대수술
약할 때 오히려 기뻐할 수 있는 이유

○ CHAPTER 3
세우고, 지키고, 넓히시다 • 82

다시 한 번, 창업 / 꿈의 출발점 / 일거리도 없고 일할 곳도 없고
꿈의 지향점 / 전기 온풍기 대소동 / 전기 온풍기 대역전
나의 분깃을 지켜 주시는 하나님 / 자가 공장의 꿈을 이루다
남을 도울 수 있는 것도 복이라

○ **CHAPTER 4**
우리 모일 때 그분이 행하신 일 • 118

시화 외국인교회의 시작 / 부족함을 채워 주신 하나님
교회 버스까지 운전하다 / 오직 빚진 자의 심정으로
예배 중에 일어난 치유의 역사 / 잃어버린 지갑이 돌아오다
끝은 또 다른 시작으로 이어지고

○ **CHAPTER 5**
합력하여 가족을 이루시다 • 152

눈동자처럼 지키신다 / 믿음의 장손이 되다
뉴질랜드 가족여행에 찾아온 위기 / 기도부터, 기도 먼저
극적으로 만난 도움의 손길 / 어떤 것으로도 선을 이루시는 하나님

○ **CHAPTER 6**
하나님 앞에서 믿고 바라며 • 182

여의도로 돌아오다 / 억울한 누명 / 나의 힘 되신 하나님만 의지하며
누명을 벗겨 주신 하나님 / 하나님의 공의가 이루어질 때
너, 아브라함 같은 믿음의 사람이여

○ **CHAPTER 7**
순종과 감사로 걷는 인생길 • 210

얼떨결에 교회를 건축하다 / "네 할 일은 여기까지야."
제 몫은 여기까지입니다 / 나는 이해할 수 없지만 하나님은 아시겠지
교만을 다루시는 하나님의 연단 / 순종하는 자에게 임하는 하나님의 기적
새내기 장로, 새로운 지성전을 꿈꾸다 / 불평을 감사로 바꿔 주신 하나님
살아 계신 하나님이 당신을 부르신다

마음속에 들려온 음성
내 삶에 새겨진 하나님의 흔적
기적을 보다
기적을 체험하다
국가적 대참사를 막아 주시다
모든 사람을 향한 차별 없는 은혜
가장 귀한 믿음을 물려주신 어머니

CHAPTER 1

등 뒤에서 도우시는 능력의 손길

• CHAPTER 1 •

등 뒤에서 도우시는
능력의 손길

마음속에 들려온 음성

1973년 초, 나는 졸업을 코앞에 둔 대학교 4학년생이었다. 요즘처럼 그때도 대학 졸업반은 취업 때문에 몸과 마음이 고달팠다. 대기업 입사 준비로 정신없는 학생들이 있는가 하면 졸업도 하기 전에 취직해서 다른 친구들을 긴장하게 만드는 학생들도 있었다. 하지만 나는 이상하리만치 마음이 평안했다. 분명 믿을 구석 하나 없는 처지인데 전혀 조급하거나 걱정스럽지 않았다. '곧 졸업인데, 이러고 있으면 안 되는데….' 하면서도 내 생각은 성령님의 인도 따라 이상하리만치 교회 일에만 힘을 쏟고 있었다. 그러고는 '어떻게 해야 성경말씀대로 살 수 있을까?'를 고민하며 시키는 사람이 없는데도 교회 봉사에 빠져 지냈다.

그러던 어느 날 한 번도 경험해 보지 못한 신기한 일이 일어났다. 기도를 하면 마음 깊은 곳에서 이런 음성이 들려오는 것이었다.

"전기기사 주임기술자 자격증 시험을 봐라!"

당시 우리나라에 이 자격증을 갖고 있는 사람이 200명 정도밖에 없어 관련 분야의 인력난이 심각했는데, 마침 그 시험이 몇 주 뒤에 서울시청에서 있을 예정이었다. 하지만 그것은 부지런히 학원에 다니며 1년 내내 공부해도 합격하기 어려운 시험이었다. 벼락치기로 며칠 공부한다고 될 일이 결코 아니었다. 시험 준비는커녕 자격증에 대해 생각해 본 적도 없던 나는 결국 그 음성을 무시해 버렸다.

하지만 기도할 때마다 "이번 자격증 시험에 한번 응시해 봐라."라는 뜬금없는 음성이 마음속에서 계속 들려왔다. 사탄의 장난일지 모른다는 생각에 "예수 이름으로 명하노니 나를 혼란스럽게 하는 잘못된 생각은 썩 물러날지어다! 물러나라!"라고 호통도 여러 번 쳐봤지만 아무 소용이 없었다.

"내 생각인가?"

아니다. 난 그 시험에 대해 생각해 본 적이 없다.

"그럼 사탄이 주는 생각인가?"

그것도 아닌 것 같았다. 예수님의 이름으로 대적해도 그 음성이 멈추지 않았으니까. 그렇다면 이것은 하나님이 내 마음에 말씀하신 것이다. 말로만 듣던 하나님의 음성이었다.

"어쩌면 자격증 시험의 경험을 쌓아 보라는 음성인지도 모르겠다."

어차피 준비해서 치르는 시험도 아니니 크게 손해 볼 것은 없겠다 싶어 '마음을 비우고(?)' 응시하기로 했다. 이번에는 출제 경향만 살펴보고 진짜 시험은 제대로 공부해서 다음 해에 치를 생각을 가졌다.

시험 전날 아침 두꺼운 시험 대비 문제집을 들고 집을 나섰다. 마음은 비웠지만 그래도 시험은 시험이니 하루만이라도 열심히 공부해서 치르고 싶었다. 하지만 공부할 곳을 찾지 못해 방황하다 겨우 작은 찻집에 자리를 잡았다. 비록 당일치기였지만 한눈팔지 않고 열심히 공부했다. 오전부터 밤 10시까지 한자리에 앉아 쉬지 않고 문제집을 풀었다. 그러나 얻은 것은 시험에 대한 자신감이 아니라 '냉혹한' 현실에 대한 깨달음이었다. 내 수준으로는 1년 내내 공부해도 시험에 합격하기 힘들 것 같았다.

다음 날 '낙심 충만'한 상태로 시험장에 앉았다. 시험지를 받아 들었지만 도통 문제가 눈에 들어오지 않았다. 겨우 마음을 다잡고 하나님께 짧은 기도를 올렸다.

"전능하신 하나님. 나의 힘이 되신 하나님. 제가 주님을 사랑합니다. 저는 지금 아무 준비도 없이 이 자리에 앉아 있습니다. 성령님, 이 시간 저와 함께해 주세요."

기도를 마치고 다시 시험지를 들여다본 나는 깜짝 놀라고 말았다.

어젯밤 벼락공부를 마치기 직전에 총정리 차원에서 문제집을 다시 한 번 살펴보았다. 이때 잘 모르는 내용은 곁눈질로 모범답안을 참고하며 달달 외우며 공부했는데 바로 그 문제들이 - 문제집에 실려 있는 순서까지 그대로 동일하게 - 출제된 것이 아닌가! 내 눈으로 보고 있는데도 믿어지지 않았다. 어제 오전이나 낮에 공부한 문제였다면 손도 대지 못했겠지만, 문제집에서 마지막으로 살펴본 것들이라 어렴풋이 전부 생각이 났다. 눈을 감고 어젯밤에 공부한 내용을 떠올리며 차근차근 답을 써 내려갔다. 덕분에 종료 벨이 울릴 때까지 답안지를 여러 번 점검할 정도로 여유 있게 시험을 치를 수 있었다.

시험장을 나서며 기쁜 마음으로 하늘을 쳐다보았다. 넓고 푸른 하늘이 가슴속으로 밀려들어 오는 것처럼 상쾌했다. 입가에는 미소가 피고 입술에는 하나님을 향한 감사의 고백이 흘러나왔다.

"부족한 나의 실력을 아시고 내게 힘주시기 위해 놀라운 음성을 들려주신 나의 하나님, 감사드립니다."

그리고 평소 즐겨 암송하던 성경구절이 생각났다.

나의 힘이신 여호와여 내가 주를 사랑하나이다(시 18:1)

이것은 이스라엘 역사상 가장 위대한 왕으로 꼽히는 성경 인물 다윗의 고백이다. 왕이라니까 왕족으로 태어나 하는 일마다 잘 되고 잘 풀리는 인생이었을 것 같지만 다윗은 전혀 그렇지 않았다. 그는 촌구석에서 태어나 부모형제에게 인정받지 못하고 어렸을 때부터 양을 돌보는 목동으로 살았던, 요즘 말로 '흙수저'였다. 어디 그뿐이랴. 인생의 많은 시간을 도망자로 살았고 억울한 일과 배신, 그를 시기하고 미워하는 자들의 위협을 받으며 어려운 일들을 수도 없이 겪었다. 아마도 다윗만큼 자신의 생명과 삶을 지켜 낼 힘을 간절히 원한 사람도 없을 것이다.

우리도 세상에서 살아가기 위해 노력하며 살아가기를 원한다. 돈을 쫓고 지식을 추구하며 권력에 매달린다. 뒤를 봐줄 이가 아무도 없으니 뭐라도 쥐고 있어야 버티고 살아갈 수 있다는 절박함 때문이다. 그런데 다윗은 하나님만 자신의 힘이라고 고백한다. 신앙 위인으로서 모범을 보이기 위해, 아니면 종교적 위로를 얻고 싶어서 이렇게 말한 것일까?

다윗이 삶 속에서 실제로 하나님을 체험하며 살았듯이 나도 그의 삶을 닮고 싶다. 그에게 하나님은 불가능을 가능으로 바꾸시는 '전능하신' 분이었고, 언제나 변함없으신 '신실하신' 분이었고, 친히 자신의 삶 가운데 개입하여 도우시는 '살아 계신' 분이었다.

며칠 후 시험 결과를 발표하는 날이 되었다. 떨리는 마음으로 합격자 명단을 확인해 보니 내 이름이 또렷하게 적혀 있었다. 또

한 번, 믿을 수 없는 일이 벌어졌다. 좋은 점수는 아니었지만 당일치기 공부로 그 어렵다는 시험에 당당히 합격한 것이다. 이것은 내 실력으로 된 일이 아니었다. 오직 주님의 은혜였다.

"감사합니다. 주님. 대책 없는 제게 길을 보여 주셨는데 깨닫지 못하고 놓칠 뻔했어요. 정말 감사합니다."

이 자격증은 막막하던 취업의 문을 활짝 열어 주었다. 자격증 사본을 이력서와 함께 제출하니 몇몇 대기업에서도 채용하겠다는 연락이 왔다. 기적이었다. 전능하시고 신실하시며 살아 계신 하나님이 그분을 힘으로 삼는 이에게 베푸시는 은혜의 선물이었다.

내 삶에 새겨진 하나님의 흔적

당신은 내가 경험한 일이 어떻게 느껴지는가? 어느 날 나처럼 마음속 깊은 곳에서 흘러나오는 음성을 듣는다면 당신은 어떻게 하겠는가? 어쩌면 이렇게 생각할지도 모르겠다.

"내게는 그런 놀라운 일이 일어나지 않을 거야."

"그런 이상한 경험은 하고 싶지 않아. 난 그런 것 필요 없어."

"말도 안 되는 소리. 졸다가 착각한 거야."

"놀라운 일이기는 하지만 우연의 일치겠지."

우리는 눈에 보이는 공간에서 눈에 보이는 물건을 사용하며 눈에 보이는 사람들과 살아간다. 그래서 보이는 것이 세상의 전부라고 믿는다. 하지만 정말 그럴까?

자그마한 빙산이 바다에 떠 있다. 그런데 이 빙산, 정말 보이는 것처럼 작을까? 드러난 부분은 작지만 수면 아래에는 거대한 얼음 덩어리가 감추어져 있다. 눈에 보이지 않을 뿐이다. 우리 몸속에도 뇌와 심장, 위와 폐, 혈관과 신경, 뼈와 근육처럼 겉으로는 보이지 않는 기관이 들어있다. 공기, 냄새, 소리, 전파, 중력, 온기, 냉기 같은 것들도 보이지 않지만 늘 우리를 둘러싸고 있다.

성경은 "보이는 것은 나타난 것으로 말미암아 된 것이 아니"며 "보이는 것은 잠깐이요 보이지 않는 것은 영원함이라"고 이야기한다(히 11:3; 고후 4:18). 보이는 것은 보이지 않는 것에서 나왔고, 보이지 않는 것이 보이는 것을 지탱하고 지지한다는 뜻이다. 밤하늘을 바라보면 언제나 변함없이 자신의 궤도를 지키며 빛나는 수많은 별들과 만나게 된다. 모두 보이지 않는 하나님이 지으신 것들이다. 이렇게 하나님의 손길은 세상을 창조하셨을 뿐 아니라 모든 것이 그분의 섭리에 따라 흘러가도록 이끄신다. 당신과 나의 인생도 마찬가지다. 눈에 보이지는 않지만 분명 살아 계신 하나님이 주관하신다. 그분은 "가난하게도 하시고 부하게도 하시며 낮추기도 하시고 높이기도" 하신다(삼상 2:7). 보이는 것이 전부라고 믿는 사람은 자기 능력으로 산다고 생각하지만, 살아 계신 하나님이 지금도 보이지 않는 손길로 우리들의 인생을 인도하며 다스리신다.

우리를 귀하게 여기시는 하나님은 우리 인생을 곁에서 지켜보시며 고난과 위험에 처할 때 구원하시며 보호하신다. 기도로 부르짖을 때 하나도 놓치지 않고 귀 기울여 들으시며 응답하신다. 이와 같이 삶 속에서 살아 계신 하나님을 경험하는 것은 그분을 믿고 의지하며 힘으로 삼는 사람에게 주어진 약속이자 특권이다.

모든 사람은 세상에 태어나 한 생애를 살다 하나님이 정하신 때에 그분 앞에 서게 된다. 그때 우리의 육체는 흙으로 돌아가지만 살아온 삶의 흔적은 바닷가를 거닐 때 생기는 발자국처럼 남을 것이다. 온통 자기 발자국으로 가득한 인생도 있고 하나님의 발자국이 함께 찍혀 있는 인생도 있을 것이다. 내 인생에도 곳곳마다 하나님의 흔적이 선명하게 남아 있다. 내가 당신과 나누기 원하는 것이 바로 그 흔적이다. 내 길을 인도하시고 항상 지켜 주시며 목숨까지 구해 주신 참 좋으신 하나님의 능력 말이다.

기적을 보다

우리 부부는 여의도순복음아파트로 이사하면서 자연스럽게 여의도순복음교회에 나가기 시작했다. 하지만 전부터 출석해 온 교회가 있는 데다 경험해 보지 않은 순복음교회에 대한 낯섦 때문에 결정하는 데 시간이 걸렸다. 물론 새로운 교회 분위기에 적응하는 것도 쉽지 않았다. 그렇게 어수선한 마음으로 참석한 남성 구역예배에서 이종석 안수집사님(지금은 장로님이시다)을 알게 되었다.

이 집사님은 좋은 자리보다 슬프고 아픈 자리에 더 많이 나타나며, 교회 식구들 중에 상이나 슬픈 일을 당한 이가 있으면 담당 목회자보다 더 빨리 찾아가고, 교회 공동체의 온갖 궂은일을 기쁘게 도맡아 하는 분이었다. 남선교회의 심방부를 발전시켰고 여의도순복음아파트의 조장님이었으며, 시장에서 고생하며 장사하면서도 교회 일이라면 언제나 팔을 걷어붙이고 앞장서서 열심히 봉사하셨다. 새벽기도는 물론 모든 예배와 기도 모임에 빠지지 않고 참석하시는, 알면 알수록 신앙 선배님으로 모시고 존경할 만한 분이었다.

당시 나는 남선교회 심방실 실장이었던 이 집사님의 권유로 심방실 한남동 교구의 차량 운전을 돕고 있었다. 물론 아직 초짜 신앙인 관계로 감사나 순종이 아니라 울며 겨자 먹기로 하고 있었다. 그러던 어느 날 나의 믿음이 정면으로 도전 받는 날이 찾아왔다.

매주 심방 팀은 2부 예배가 끝난 뒤 심방실에 모여 따로 예배를 드린 다음, 교회로 심방을 요청한 성도들을 찾아다녔다. 우리는 그날도 여느 때와 같이 심방실 예배를 마치고 길을 나섰다. 세 곳을 방문하기로 되어 있었는데 첫 번째는 철물점, 두 번째는 미술학원, 세 번째는 양복점 순서였다. 나를 포함한 총 여섯 명의 심방대원들은 첫 번째로 방문한 철물점의 좁은 사무실에서 박수 치며 힘

차게 찬송을 불렀다. 예배를 인도한 심방팀 리더 김석진 안수집사님이 짧게 말씀을 전한 뒤에 철물점 사장 집사님의 신앙 성숙과 사업 번창을 구하며 다 함께 합심기도를 했다.

주기도문으로 예배를 마치고 다과를 나누는 사이, 우리는 심방대원 한 사람을 다음 방문지인 미술학원으로 보냈다. 그는 "곧 심방팀에서 방문할 테니 예배 준비를 하라."는 메시지를 전달할 '척후병'이었다. 그런데 잠시 후 돌아온 심방대원이 애매한 표정으로 이렇게 말했다.

"좀 이상한데요? 학원 문을 여러 번 두드렸는데 아무 반응이 없어요. 안에 사람 기척이 있기는 한데 대답도 없고 문도 안 열어 주네요."

그 말을 들은 나는 속으로 쾌재를 불렀다.

'그럼 미술학원은 심방하지 않고 건너뛰겠네? 오늘은 조금 일찍 마치고 집에 빨리 돌아갈 수 있겠구나!'

철물점을 나선 심방팀은 내 생각대로 미술학원 대신 세 번째 방문지인 양복점으로 향했다. '순조롭게' 양복점에서 예배를 드리고 주기도문으로 마치려는 순간, 갑자기 한 여인이 문을 벌컥 열며 양복점 안으로 뛰어들어 왔다. 그 자리에 있던 모든 사람이 - 얼른 마치고 집에 갈 생각만 하고 있던 나는 더 - 깜짝 놀랐고 무슨 영문인지 몰라 어리둥절해 했다. 양복점에 뛰어든 여인은 거친 숨을 몰아쉬며 절박한 목소리로 외쳤다.

"집사님들. 큰일 났어요! 우리 아이가 숨을 안 쉬어요. 어서 와 주세요!"

나는 그 여인을 이해할 수 없었다.

'아이가 숨을 안 쉬면 구급차를 불러야지 왜 우리한테 달려온 단 말인가? 그리고 만약 아이가 죽었으면 담당교구 목회자와 상의해서 장례 준비를 해야지, 왜 심방 온 집사들에게 와보라고 하는 거야?'

하지만 더 이상한 것은 리더 집사님의 반응이었다.

"그래요? 우리 빨리 가봅시다!"

그리고는 쏜살같이 여인을 따라 달려가는 것이 아닌가?

'아니, 저 양반은 또 왜 저래? 아이가 죽었다는데 거기 따라가서 뭘 어쩌겠다고.'

이런 말이 목구멍까지 치밀어 올랐지만 결국에는 그 집사님을 따라나설 수밖에 없었다.

여인을 따라 가보니 아이가 죽었다는 집은 우리가 심방하려고 했던 그 미술학원이었다. 학원 한쪽을 살림방으로 사용하고 있었는데, 문밖에 놓인 책상 위에 돌도 안 되어 보이는 아기가 옷이 벗겨진 채 누워 있었다. 고열이 나서 찬물로 몸을 닦아 주다가 그만 숨이 끊어진 모양이었다. 그리고 아기의 입가에는 묽은 피가 흐르고 있었다.

축 늘어져 있는 아기를 바라보던 리더 집사님은 아기의 부모를 야단치기 시작했다.

"이 집을 위해 복을 빌며 함께 예배하라고 하나님이 집사님들을 보내셨는데, 안에 있으면서 문도 안 열어 주니까 애꿎은 아기가 죽잖아요."

리더 집사님의 말을 듣는 순간 나는 내 귀를 의심할 수밖에 없었다.

'아니, 저건 도대체 무슨 소리야. 자식 잃은 부모에게 위로는 못할망정 어떻게 저런 말을 할 수 있지? 그렇게 안 봤는데 저 양반 진짜 막돼먹었네.'

더 놀란 것은 그다음 말이었다.

"이왕 왔으니 아기를 살려 달라고 하나님께 기도합시다."

'저 집사님 뭔가 잘못된 거 아닐까? 기도했는데 아기가 살아나지 않으면 뒷일을 어떻게 감당하려고 저러지?'

정작 말한 장본인은 당당한데 괜히 옆에 있는 내가 조마조마했다. 하지만 다른 심방대원들은 아무 망설임도 없이 순식간에 아기 주변에 모여들었다. 리더 집사님이 아기의 머리를 붙잡자 그들도 각각 팔과 다리를 붙들었다. 상황이 어떻게 돌아가고 있는 건지 종잡을 수 없었지만 옆에서 기도하는 시늉이라도 해야겠다는 생각에 아기에게 다가갔다. 나도 어딘가 붙잡기는 해야겠는데 아기의 몸이 작아서 그럴 만한 곳이 없었다. 진땀 흘리며 여기저기 살피다가 겨우 아기의 엄지발가락을 붙들었다.

그때 리더인 김석진 안수집사님이 엄숙한 목소리로 입을 열었다.

"자, 지금부터 주여 삼창하고 아이를 살려 달라고 합심해서 기도합니다!"

그러고는 다들 큰 소리로 주여 삼창을 한 뒤 뜨겁게 기도하기 시작했다. 시체를 붙잡고 기도하는 건 고사하고 직접 본 것도 처음이었던 나는 완전히 정신이 나간 상태였다. 그런데 잠시 후 놀라운 일이 벌어졌다. 내가 잡고 있는 아기의 엄지발가락이 움직이는 것이 아닌가? 눈을 살짝 떠보니 힘없이 늘어져 있던 아기의 배가 조금씩 위아래로 움직이고 있었다. 다시 숨을 쉬기 시작한 것이었다! 전혀 예상하지 못한 장면에 아기의 엄지발가락을 잡고 있는 내 손은 바들바들 떨고 있었다.

합심 기도를 마치면서 리더 안수집사님이 "예수님의 이름으로 기도했습니다."라고 말하는 순간, 기적이 일어났다. 아기가 "으앙" 하고 울음을 터뜨린 것이다. 그 자리에 있던 모든 사람의 입에서 "할렐루야"가 동시에 튀어나왔다. 물론 나만 빼놓고.

심방실 신참으로 처음 기적을 목격한 나는 말로만 듣던 성령 하나님이 정말로 그 자리에 함께하셨다는 사실에 큰 충격을 받고 말았다. 하나님은 진정 살아서 역사하시는 분이었다! 그날 모든 사역을 마치고 집으로 돌아가는 차 속에서 나는 이렇게 결심했다.

"오늘 하나님이 우리에게 보여 주신 기적을 마음판에 새기고 이제부터 제대로 예수 믿어야겠다!"

기적을 체험하다

　죽은 아기가 살아나는 기적을 체험한 뒤로 신앙인으로서의 내 모습은 180도 달라졌다. 마지못해 따라다니던 심방실 사역도 열심히 하고, 별 기대 없이 임하던 구역예배에도 성실하게 참석했다. 그 모든 시간을 통해 주님은 나를 향한 그분의 사랑을 맛보아 알게 해주셨고 덕분에 연약한 내 신앙도 조금씩 자라나기 시작했다.

　그러던 어느 여름날, 살아 계신 하나님의 능력을 다시 경험하는 사건이 일어났다. 여느 때처럼 주일 심방실 사역을 마치고 돌아왔는데 집에 들어서자마자 오한이 나고 몸이 떨리기 시작했다. 어찌나 춥고 떨리는지 겨울용 두꺼운 이불을 뒤집어써도 아무 소용이 없었다.

　"아침에 예배 잘 드리고 심방실 봉사도 잘하고 돌아왔는데 왜 이럴까?"

　왠지 영적인 원인이 있을 것 같아 곰곰이 생각해 보다가 기도로 마귀를 쫓아내던 이종석 안수집사님의 모습이 떠올랐다. 이불 속에서 고개만 내놓고 덜덜 떨며 이 집사님에게 전화를 걸었다.

　"집사님. 저 김학재입니다."

"아, 집사님. 댁에 잘 들어가셨어요? 그런데 목소리가 안 좋은데 무슨 일 있으신가요?"

"집에 돌아오자마자 갑자기 식은땀이 흐르고 오한이 나네요. 교회에서 예배도 잘 드리고 사역도 잘하고 왔는데 왜 이럴까요? 혹시 영적인 원인이 있는 건 아닌가 싶어 집사님께 전화 드렸습니다."

"그렇군요. 알겠습니다. 하지만 제가 당장 댁으로 갈 수 없는 상황이니 전화로 함께 기도하지요."

그리고 그분은 전화기를 통해 내 육체에 역사하며 전도를 방해하는 사탄의 세력을 묶어 버리고 사탄을 대적하는 기도를 해주셨다. 전화기 너머로 집사님의 침 튀기는 소리가 들릴 정도로 뜨거운 기도였다. 이 기도를 통해 무슨 일이 일어났을까?

전화를 끊고 자리에서 일어나 보니 더 이상 춥지 않았다. 식은땀과 오한이 한순간에 그친 것이다. 이불과 요는 세탁을 해야 할 정도로 땀이 흥건한데 내 몸은 춥지도 않고 멀쩡했다. 너무나 신기했다. 병원에도 가지 않고 약도 먹지 않은 채 한 시간 동안 끙끙 앓았다. 그런데 하나님은 뜨거운 믿음의 기도를 통해 고열과 오한을 멈추시고 내 몸을 깨끗하게 치유해 주셨다.

내가 정말로 사탄의 공격 때문에 아팠던 것인지 여부는 알 수 없다. 하지만 중요한 것은 나의 인생 가운데 살아 계신 하나님을 경험했다는 사실이다. '하나님은 하나님이고 내 삶은 내 삶'이라 생각하며, 하나님은 예배 시간에만 역사하시고 성경책 안에서만 살아 계신다고 여겼던 내가 지극히 흔한 고열과 감기로 힘들었을 때 살아 계신 하나님을 느끼고 그분의 능력을 경험한 것이다. 이때부터 나는 큰일이든 작은 일이든 언제나 함께하시는 하나님의 손길을 의식하기 시작했다. 막연한 생각으로 시작한 훈련이었지만 그 열매는 놀라웠다.

국가적 대참사를 막아 주시다

한번은 국내 철판제조업 분야를 대표하는 - 대한민국 국민이라면 이름만 들어도 다 아는 - 대기업의 생산부장이 내가 경영하는 진우엔지니어링에 전화를 걸어왔다. 기술 문의가 있으니 급히 기술 담당자를 바꿔 달라고 해서 전화를 받아 보니 아주 다급한 목소리였다. 뭔가 심각한 문제가 생긴 모양이었다.

"우리 회사에서 여수에 대규모 철판 공장단지를 짓고 있는데 거의 완공 단계입니다. 내부의 기계 설비는 독일 회사가 시공했고요."

"네. 그러시군요. 그런데 무슨 일이신가요?"

"시운전 중에 예상치 못한 문제가 발생했습니다. 철판의 온도를 일정하게 유지해야 다음 공정을 진행할 수 있는데 뭐가 문제인지 온도가 올라가지 않네요. 이 상태로는 작업을 할 수가 없어서 도움을 요청하고자 전화 드렸습니다. 철판의 온도를 올릴 방법이 있을까요? 혹시 사장님 회사에서 도와주실 수 있으신지요?"

"현장에 가서 제 눈으로 봐야 확실히 알 수 있겠습니다만, 가능할 것 같습니다."

그는 내 긍정적인 대답에 반가워하며 이렇게 말했다.

"잘됐군요. 그러시면 독일 회사 기술자가 직접 사장님과 통화하게 하겠습니다. 곧 연락을 드릴 테니 기술적인 세부 논의는 그 사람과 해주십시오."

잠시 후 곤경에 처한 독일 회사의 기술자가 전화를 걸어왔다.

"지금 어떤 상황이신 건가요?"

"전기도금철판(EGI)이 분당 70미터로 계속 이동하고 있는 상태에서, 철판 표면의 온도가 70도 정도로 유지되어야 다음 공정인 코팅 작업을 할 수 있습니다. 그런데 시운전을 해보니 어떻게 된 일인지 스팀 200만 킬로칼로리 열량을 전부 공급해도 철판 온도가 30도 이상 올라가지 않습니다."

독일 회사 기술자가 알려준 대로 실제 필요열량온도를 계산해 보니 스팀 200만 킬로칼로리의 열량이면 모든 공정을 진행하는 데 아무 문제가 없었다.

"계산상으로는 그 정도 열량이면 철판 온도를 원하는 만큼 올릴 수 있는데 이상하네요. 열원은 어떤 것을 사용하고 계십니까?"

"보일러에서 발생한 스팀 고열을 열교환기를 거쳐 스팀 노즐을 통해 전달해서 철판 온도를 높이는 방식입니다."

문제는 철판에 열을 가하는 시스템이었다.

"지금의 시스템으로는 철판의 온도를 높이는 것이 불가능합니다. 아무래도 열원 시스템 자체를 스팀 챔버 시스템에서 전기 직접 가열로 시스템이나 가스버너 가열로 시스템으로 교체해야 해결할 수 있을 것 같습니다."

"시스템을 바꾸라고요? 그렇게 해도 철판 온도가 올라가지 않으면 어떻게 하죠? 사장님 말씀을 믿어도 되겠습니까?"

"시스템을 바꾸면 가능합니다. 만약 실패하면 공사비는 일체 받지 않을 테니 너무 걱정 마십시오. 단, 자재 대금은 선불로 주셔야 공사를 시작할 수 있습니다."

그렇게 약속하고 독일 회사 측과 곧바로 계약서를 작성한 뒤, 우리는 기존 공사를 철거하고 기계 설계까지 새로 해서 열원 자체를 가스로 바꾸는 공사에 돌입했다. 전체 공사비의 절반을 계약금으로 받은 덕분에 계약금만으로도 필요한 자재를 구입할 수 있었다. 그리고 국내법상 가스 공사는 허가받은 업체만 할 수 있기 때문에 배관 공사는 전문 업체에 맡겼다. 외국 회사와 국내 대기업이 관련되어서 그런지 필요한 비용을 모두 충당하고도 돈이 남을 만큼 여유가 있는 공사였다.

공사는 순조롭게 진행되었고 드디어 새로운 시스템으로 시운전하는 날이 되었다. 공사 기간 내내 나는 매일 인천과 여수를 오갔다. 김포공항에서 오전 7시 반 비행기를 타고 여수공항에 도착하면, 대기하고 있는 독일 회사 기술자의 차량으로 공장에 들어갔다. 그래서 늘 오전 5시면 기상해서 집 근처에 있는 기도처로 가 한 시간 정도 새벽기도를 드린 뒤 김포공항으로 이동하곤 했다. 시운전하는 날도 새벽기도를 드리기 위해 일찍 일어났는데, 이상하게 자꾸 불안한 마음이 들었다. 바쁜 일정을 소화하느라 피곤해서 그러려니 생각하고 기도처를 향하는데 불안한 마음이 점점 커져서 나중에는 안절부절 견딜 수가 없었다.

당시 기도처는 장로님들이 번갈아 새벽예배의 설교와 합심기도 인도를 담당했는데, 그날 담당은 문민섭 장로님이었다. 아무리 큰 소리로 기도해도 불안해서 견딜 수 없었던 나는 순서를 마치고 강단에서 내려오시는 문 장로님을 찾아가 중보기도를 부탁했다.

"장로님. 제가 지금 여수에 있는 큰 공장에 설비 시운전을 하러 내려갑니다. 공사는 아무 문제없이 잘되었는데 새벽부터 마음이 너무 불안해서 견딜 수가 없네요. 저를 위해 기도 좀 해주세요."

"그래요? 그럽시다."

장로님은 내 어깨와 손을 붙잡고 하나님의 능력과 평안을 구하며 성령의 능력을 충만히 부어 달라고 기도해 주셨다. 이 기도 덕분에 훨씬 편안하고 담대한 마음으로 여수를 향해 출발할 수 있었고 기내에서도 계속 기도하면서 마음의 평강을 회복하게 되었다.

공장에 도착하자마자 새로운 시스템의 상태를 최종 점검했다.

아무 문제없이 모든 것이 완벽했다. 이제 남은 것은 시운전뿐이었다. 나는 가스 공사를 맡은 업체 사장에게 열원인 LPG(액화석유가스) 밸브 – 메인 파이프에 연결된 – 를 개방하라고 지시했다. 이제 기계를 가동해서 철판의 온도 그래프가 45도 각도를 그리며 상승하기만 하면 된다. 그동안의 경험으로 미루어 볼 때, 성공할 거라는 확신이 있었지만 긴장되는 것은 어쩔 수 없었다. 하나님께 짧은 기도를 올린 뒤, 가스버너와 연결된 LPG 밸브를 열고 가스버너 200만 킬로칼로리 열량을 철판에 공급할 버너의 점화 스위치를 눌렀다.

그런데 예상과 달리 가스의 압력이 너무 낮았다. 정상적으로 작동한다면 계기판에 2킬로그램퍼센티미터제곱(kgf/cm2)의 압력이 나와야 하는데 0.3킬로그램중퍼센티미터제곱밖에 올라가지 않았다. 시공업체 사장에게 압력이 약하니 – 메인 파이프와 연결된 – LPG 밸브를 완전 개방하라고 지시한 뒤, 결과를 기다리고 있는데 독일 회사 감독관이 황급히 달려와 이런 말을 건넸다. 나는 지금도 그의 말이 생생하게 기억난다.

"Mr. Kim, why are you still here? You and I have to go in heaven now."

(김 사장. 왜 아직 여기 있는 거요? 당신과 나는 지금 하늘나라에 가 있어야 할 신세요!)

'이 사람 뜬금없이 뭐라고 하는 거야? 지금 바빠 죽겠는데 왜

이런 농담을 하는 거지?'

　무슨 말인지 이해할 수 없어서 그의 얼굴만 쳐다보고 있는데, 가스 밸브를 확인하러 갔던 시공업체 사장이 사색이 되어 달려왔다.

　"김 사장님. 큰일 났어요. 가스 밸브는 아무 문제없습니다. 완전 개방된 상태예요."

　"그럼 뭐가 큰일이라는 거죠?"

　"밸브를 완전 개방했는데도 압력이 낮게 나오는 게 이상해서 우리 배관을 연결한 메인 파이프를 따라가 봤습니다. 그런데 조금 있다가 갑자기 파이프 색깔이 노란색에서 살구색으로 바뀌어 버렸어요."

　이게 무슨 말도 안 되는 소리인가. LPG 파이프는 노란색으로 칠하는 것이 규정이다. 그렇다면 살구색은? 수소 가스 파이프에 칠하는 색깔이었다.

　"그렇다면 내가 지금 수소 가스에 불을 붙였다는 말이오?"

　"그렇기는 한데요. 다행히 가스 메인 밸브와 가스버너 사이에 넣어 놓은 질소 가스가 우리를 살렸습니다. 버너를 점화할 때 LPG가 아니라 질소 가스가 먼저 나와서 폭발하지 않은 거예요. 하지만 LPG인 줄 알고 수소 가스에 연결해 놓은 상태라 만일 버너를 계속 점화하고 있었다면 정말 큰 사고가 났을 겁니다."

　나중에 독일 회사 감독관에게 들은 말인데, 수소 가스 폭발이 일어나면 공장 전체가 파괴되는 것은 물론 공장 안에 있는 철강 자재들이 사방으로 날아가 인근 지역이 초토화되는 - 국가적 재난 수준의 - 끔찍하고 엄청난 피해가 발생할 거라고 했다. 국내외 언론에서 대서특필할 초대형사고가 일어날 뻔한 것이다. 그제야 나는 독일 감독관이 내게 했던 말을 이해할 수 있었다.

LPG 배관 작업을 하려면 LPG 공급을 완전히 중단하고 배관 공사를 해야 하는데, 그렇게 되면 공장 전체를 멈춰야 한다. 하지만 현실적으로 그럴 수는 없어서 - 당시의 최신 용접 기술을 사용해서 - 메인 LPG 파이프는 운전상태 그대로 열어 둔 채 파이프 표면에 패드를 전기 용접하고 구멍을 뚫어 배관을 연결했다. 그런데 만약 그것이 LPG가 아니라 수소 가스 파이프였다면 용접할 때 대형 폭발사고가 일어났을 것이다. 사람의 실수를 내다보고 대참사를 미연에 막아 주셨을 뿐 아니라, 피할 길까지 마련해 두신 하나님의 놀라운 섭리에 감격하며 "오직 감사! 절대 감사!"라고 고백할 수밖에 없었다.

그런데 업무 과실로 발생한 문제라는 사실이 밝혀지면서 공장 측과 우리 회사 간에 공방이 벌어졌다. 실제로 사고가 일어나지는 않았지만 그 규모가 사상최대였으니 책임의 소재를 명확하게 가리는 것은 불가피했다. 공장 측은 이번 사건이 전적으로 우리 회사의 책임이라고 우겨댔다. 외주 시공업체에 대한 관리감독을 소홀히 했기 때문에 이런 일이 벌어졌다는 것이다. 어처구니가 없었다. 우리 외주업체에서는 처음부터 끝까지 원칙을 지키며 공장 직원이 가르쳐 준 바로 그 파이프에 정확하게 배관을 연결했다. 결코 임의로 작업하거나 부주의하게 대충 공사한 것이 아니었다. 그런데도 우리가 외주업체를 잘 관리하지 못해 이렇게 되었다고 하는 것은 누가 봐도 명백한 누명이었다.

나는 "우리는 잘못이 없으니 지금 이 시간 부로 모든 것에서 손을 떼고 철수하겠다!"고 선포해 버렸다. 급기야 속이 탄 독일 회사 감독관이 중재에 나섰고, 결국 공장 측이 더 큰 과실의 책임을 지는 것으로 합의가 이루어졌다.

우여곡절 끝에 후속 조치를 취하고 공사를 마무리했다. 그리고 다시 시운전을 하는 날이 되었다. 가스 밸브를 개방하고 버너를 점화하니 정상적으로 불이 붙고 압력도 올라갔다. 온도 그래프도 45도 각도로 상승해서 적정 온도가 유지되었다. 완벽한 성공이었다. "감사! 감사! 절대 감사!"라는 고백이 저절로 내 입에서 터져 나왔다. 이 문제 때문에 집에 돌아가지 못하고 있던 독일 회사 직원들도 옆에서 원더풀 환호성을 지르며 기뻐했다. 그리고 다음 날, 독일 회사에서는 우리에게 남은 공사 대금을 한 푼도 깎지 않고 그대로 지급해 주었다.

하나님이 다시 한 번 나의 힘이 되어 주셨다. 꿈에도 몰랐지만 어마어마한 참사가 일어날 뻔한 시운전 날, 이른 아침부터 하나님을 기억하게 하시고 새벽예배를 통해 하나님을 찾게 하시고 그 위에 문 장로님의 중보기도를 얹어 하나님의 평안과 능력을 덧입게 하신 것을 지금도 생생하게 기억하고 있다.

인생의 어려운 문제 앞에서 사람은 누구나 가난한 마음이 된다. 그리고 답답하고 갈급하고 불편한 시간 속에서 비로소 하나님을 인정하고 모셔 들여 의지하게 된다. 놀라운 것은 무기력하고 연약해서 "나는 아무것도 할 수 없습니다. 오직 나의 힘이신 하나님만 믿고 의지합니다."라고 고백할 수밖에 없는 그때가 하나님이 그분의 능력을 드러내시고 영광 받으시는 '적기(適期)'라는 사실이다. 그래서 하나님은 우리에게 "환난 날에 나를 부르라 내가 너를 건지리니 네가 나를 영화롭게 하리로다"라고 말씀하신다(시 50:15).

모든 사람을 향한 차별 없는 은혜

하지만 내가 특별해서, 하나님이 특별한 사람만 도와주시는 분이어서 그런 것이 아니다. 이것은 자격을 따지고 존재 가치를 증명하라고 요구하는 세상의 눈으로 하나님을 바라보기 때문에 생긴 오해다.

전능하신 하나님은 그분이 창조하신 한 사람 한 사람의 인생에 대해 관심이 많으시다. 기도하는 내용을 귀 기울여 들으시고 바라고 소원하는 것이 무엇인지 살피신다. 그래서 복음을 전하고 말씀을 증거하는 자리에 임하셔서 거기 모인 사람들 가운데 역사하신다. 하지만 정작 말씀을 전하는 사역자는 성령 하나님이 현장에 있는 사람들에게 어떤 일을 행하시는지 모르는 경우도 있는 것 같다. 지금부터 나눌 이야기는 여의도순복음교회 원로목사인 조용기 목사님이 말씀을 전하시는 현장에서 내가 직접 보고 들은 것이다. 어쩌면 당사자인 조 목사님은 모르는 이야기일 수도 있다.

뉴질랜드의 타카푸나 지역에 하버사이드교회가 있다. 이 교회에서 조용기 목사님을 강사로 초청하여 큰 부흥회를 열었을 때 나도 그 자리에 참석한 적이 있다. 그 지역 기독교 방송국인 레마 방송에서 이 집회를 실시간으로 중계하고 있었는데, 마침 한 인도인이 시내에서 차량을 운전하며 조 목사님의 설교를 듣고 있었다. 그는 선천적으로 한쪽 다리가 짧아서 보행이 불편한 사람이었는데, 조 목사님 설교를 듣는 중에 갑자기 짧은 다리가 자라나는 것이 느껴졌다고 한다. 깜짝 놀라 차를 세워 놓고 자기 다리를 살펴보니 양쪽의 길이가 똑같아진 것이 아닌가? 그는 즉시 레마 방송에 전화를 걸어 생중계 하고 있는 집회 장소를 알아내 하버사이드교회로 달려갔다.

교회에 도착해 보니 예배당의 자리가 모두 차 문이 닫힌 상태라 야외에 임시로 설치한 천막에서 예배를 드려야 했다. 다리를 고쳐 주신 하나님에 대한 감사와 감격으로 충만해진 그는, 집회가 끝난 뒤에 천막에서 함께 예배드린 참석자들에게 자신에게 일어난 기적을 간증했다. 내가 그 자리에서 직접 들은 이야기다. 하지만 그날 강사였던 조용기 목사님은 아마 이 사실을 모르실 것이다. 기회가 되면 목사님께 꼭 여쭤 보고 싶다. "그 인도인에게 일어난 기적을 알고 계신가요?"라고.

다음 날도 집회가 계속되었는데 예배 전 찬양시간에 체격이 우람한 마오리 여인이 내게 다가와 편지 한 통을 내밀며 이렇게 말했다.

"이 편지를 조용기 목사님께 전해 주세요. 그리고 거기 적힌 대로 기도해 달라고 말씀드려 주세요. 정말 중요한 편지니까 꼭 전해 주셔야 해요."

그 말을 남기고 여인은 사라져 버렸다.

당시 집회 중에 함께 참석하신 '장로 대선배'이신 양만득 장로님이 내게 이런 말씀을 하셨다.

"조 목사님 설교 다음에 자유 간증 시간이 있는데 그때 간증 하겠다고 나온 사람이 목사님에게 덤벼들지도 몰라요. 그러니 김 장로님이 뒤에 서 있다가 그런 상황이 되면 목사님을 보호해 드리세요."

그래서 간증 시간에 경호원처럼 목사님 뒤에 서 있었는데, 아마도 마오리 여인은 그 모습을 보고 나를 조 목사님 수행비서로 착각한 모양이었다. '이런 편지 부탁은 조 목사님 사역에서 자주 일어나는 일일 거야.'라고 생각한 나는 여인의 편지를 무심코 성경책 사이에 끼워 둔 채 잊고 말았다.

그리고 다음 날 집회에 마오리 여인이 다시 나타났다. 그것도 어제와 똑같은 예배 전 찬양시간에. 우람한 덩치의 그 여인은 내게 다가와 어깨를 툭 치며 물었다.

"내가 어제 준 편지 조 목사님에게 전했나요?"

그제야 여인의 편지가 생각났지만 그 편지가 아직도 내 성경책 속에 그대로 들어 있다는 말은 차마 할 수 없었다. 선뜻 대답하지 못하고 망설이는 내 모습을 본 여인은 천둥같이 큰소리로 따지기 시작했다.

"아직도 내 편지를 전하지 않은 거예요? 아니, 그게 얼마나 중요한 편지인데. 어떻게 그럴 수 있어요?"

내가 위협받는다고 생각한 다른 집사님들이 여인을 밖으로 데리고 나갔다. 여인은 끌려 나가면서도 내게 큰 소리로 외쳤다.

"오늘은 그 편지를 꼭 조 목사님에게 전해 주세요. 정말 중요한 편지예요. 제발 부탁이에요."

그러고는 어디론가 사라져 버렸다.

'아, 편지는 왜 받아서 이 고생을 한단 말인가!'

하도 스트레스 받은 표정을 짓고 있으니까 옆에 앉아 계시던 양만득 장로님이 내게 물으셨다.

"김 장로님. 무슨 편지인데 그래요?"

성경책 속에서 편지를 꺼내 장로님께 보여 드리고 자초지종을 설명했다.

"네. 그 여인이 조 목사님에게 전해 달라고 이 편지를 맡겼는데 제가 깜빡했습니다."

여인의 편지를 읽어 보신 장로님이 내게 조용히 말씀하셨다.

"김 장로님. 편지를 읽어 보니 그 여인의 남편이 암에 걸린 모양이에요. 그래서 조 목사님께 기도받고 싶다고 적혀 있네요. 이 편지는 꼭 목사님께 전해 드려야 할 것 같아요."

그러시면서 편지를 돌려주신다. 그 여인에게 너무 미안했다.

'나도 진작 어떤 내용인지 읽어볼 걸.'

편지 생각 때문에 예배시간에도 집중하지 못하고 온종일 심난했다.

그날 집회가 끝난 뒤에 나는 양 장로님을 찾아가 정중히 부탁드렸다.

"장로님. 조 목사님과 같은 숙소에서 묵으시죠? 이 편지를 저 대신 목사님에게 전해 주세요. 부탁드립니다."

장로님은 내 표정을 보시더니 "알았어요. 그럴게요."라고 하며 씩 웃으셨다. 그리고 나서 숙소 엘리베이터에서 양 장로님이 "김학재 장로님이 목사님께 전해 드리라고 준 편지입니다."라며 조 목사님 손에 편지를 건네는 모습을 볼 수 있었다. 조 목사님이 편지를 보고 뭐라고 하시는 것 같았는데 바로 엘리베이터 문이 닫히는 통에 정확한 내용은 듣지 못했다. 어쨌든 두 분이 방으로 올라가시자 '공은 이제 내 손에서 떠났다.'는 생각에 마음이 한결 편해졌다. 그

무시무시한(!) 마오리 여인이 언제 나타나든 조 목사님께 편지를 전해 드렸다고 자신 있게 말할 수 있게 된 것이다.

다음 날 집회 때 나는 이 기쁜 소식을 전해 주고 싶어서 그 여인을 기다렸다. 하지만 마오리 여인은 내 앞에 나타나지 않았다. 그 다음날도 기다렸지만 끝내 만나지 못했다. 아마도 그의 남편이 치유 받아서 나타나지 않았거나 세상을 떠났기 때문에 나타나지 않았을 것 같다. 오래전 일이지만 지금도 나는 - 다음 날에도 나타나지 않은 것을 볼 때 - 그 여인의 남편이 치유 받았을 거라 믿고 있다.

하나님은 이렇게 특별한 것 없는, 지극히 평범하고 연약한 이들의 삶 가운데 힘과 능력으로 임하신다. 앞에서 소개한 인도인이나 마오리 여인이 우리보다 믿음이 좋거나 선하기 때문에 기적을 체험한 것이 아니다. 하나님이 우리보다 그들을 더 사랑하셔서 그런 것도 아니다. 이 기적의 이야기들은 모두 그냥 주어진 선물이며 하나님이 무조건적으로 베푸신 그분의 은혜다.

어쩌면 독자들 중에는 하나님이 도덕적인 삶과 선행이라는 종교적 기준을 만족시키는 사람만 특별대우 한다고 생각할지 모르겠다. 그런 사람에게는 내 이야기가 '종교적 금수저들만' 누릴 수 있는 행운 같은 것으로 느껴질 것이다.

물론 하나님은 우리에게 모든 면에서 이 세상과 구별되는 '거룩한' 삶을 요청하신다. 그러나 이 관점은 기독교 신앙을 철저히 오해한 것이다. 인류가 스스로 죄인임을 깨닫고 뉘우치기도 전에 하나님이 외아들 예수 그리스도를 보내어 십자가에 달려 죽게 하심으로 구원을 이루셨다는 성경말씀만 봐도 분명히 알 수 있다.

> 우리가 아직 연약할 때에 기약대로 그리스도께서 경건하지 않은 자를 위하여 죽으셨도다 의인을 위하여 죽는 자가 쉽지 않고 선인을 위하여 용감히 죽는 자가 혹 있거니와 우리가 아직 죄인 되었을 때에 그리스도께서 우리를 위하여 죽으심으로 하나님께서 우리에 대한 자기의 사랑을 확증하셨느니라(롬 5:6-8)

> 하나님이 세상을 이처럼 사랑하사 독생자를 주셨으니 이는 그를 믿는 자마다 멸망하지 않고 영생을 얻게 하려 하심이라 하나님이 그 아들을 세상에 보내신 것은 세상을 심판하려 하심이 아니요 그로 말미암아 세상이 구원을 받게 하려 하심이라 (요 3:16-17)

거룩한 삶에 대한 하나님의 요청은 그분과의 관계를 회복하기 위해 충족시켜야 할 전제조건이 아니다. 그것은 죄를 용서받고 구원받아 완전히 변화된 존재에게 주어지는 결과와 열매일 뿐이다.

살아 계신 하나님이 자신의 삶에 개입하시는 경험을 아직 해보지 못했다면 내 이야기에 공감하기 어려울 수 있다. 정 그렇다면 방금 설명한 것은 다 잊고 내가 어떤 사람이었는지만 기억해 주기 바란다. 나는 흙수저로 태어난 지극히 평범한 사람이며 '비빌 언덕'이라고는 눈을 씻고 찾아봐도 없는 인생이었다. 내게는 문제 해결과 소원 성취를 위해 하나님을 움직일 만한 것이 전혀 없었다. 그런데도 하나님이 나와 동행하시며 돕고 보호해 주신 두 가지 이유가 있다. 첫 번째는 내가 "저는 하나님 아니면 단 하루도 살 수 없습니다!"라고 고백하는 것 말고는 답이 없는 절박한 인생이었다는 점이고, 두 번째는 그렇게 하나님께 매달리는 것을 내게 가르쳐 준 분이 계셨다는 사실이다. 그분이 바로 내 어머니 권현순 권사님이다.

가장 귀한 믿음을 물려주신 어머니

할아버지와 할머니가 세상을 떠나신 날짜는 공교롭게도 3일 차이가 난다. 물론 할아버지가 더 일찍 돌아가셨지만. 그래서 지금도 우리 가족들은 두 분의 영정을 함께 놓고 추도예배를 드린다.

할머니는 '신식(新式)' 분이었다. 신문이 배달되면 돋보기안경을 쓰고 모든 기사를 꼼꼼히 읽으셨고, 늘 그 내용을 주변 사람에게 들려주셨다. 제사 때가 되면 상차림 메뉴와 장을 봐야 하는 물품 리스트를 또박또박 종이에 적어 며느리들과 딸들에게 사오게 하셨다. 또한 장을 보기 전에는 물건 고르는 요령과 가게 주인과 흥정하는 방법을, 음식을 만들기 전에는 요리하는 순서와 방법까지 일일이 가르쳐 주셨다. 덕분에 맏며느리인 어머니부터 둘째 며느리인 숙모님과 고모들, 그리고 누나들까지 모두 음식 솜씨들이 좋다. 다들 할머니의 일품 손맛을 전수받은 모양이다. 하지만 이런 '신식' 할머니도 제사에 관해서는 아주 엄격하셨고, 교육열이 높으셨지만 교회에 가거나 예수 믿는 것은 싫어하셨다.

여고 소프트볼 국가대표 선수 출신이자 당시 법무장관의 차녀였던 어머니 권현순 여사는 결혼 전부터 그리스도인이셨다. 하지만 시집온 뒤부터는 기독교를 싫어하는 할머니 때문에 교회에 나가는 것이 어려웠다. 나도 어릴 적 어머니 손에 이끌려 교회에 몰래 다녔는데, 목사님의 설교가 시작되면 어머니 무릎을 베고 잠이 들었다가 예배가 끝나면 어머니와 함께 도둑고양이처럼 몰래 집안으로 들어가곤 했다. 지금 생각해 보면 그 시절이 내가 어머니라는 '문'을 통해 하나님께 나아가는 시작이었던 것 같다. 하지만 어머니처럼 하나님을 향한 진지한 목마름이 없었기에 하나님 앞에 서기까지 나는 먼 길을 돌아가야 했다. 그 모습을 지켜보며 어머니는 얼마나 많은 눈물로 기도의 무릎을 꿇으셨을까.

1996년 4월, 조용기 목사님을 모시고 시화공단 진우엔지니어링 공장 준공식을 할 때의 일이다. 용접봉을 'S'자 모양으로 구부려 사무실 천장에 어머니의 초상화 액자를 매달아 놓았는데, 다른 사무실 같으면 대통령의 사진이나 사훈이 걸려 있을 자리였다.

우연히 액자를 보신 조 목사님께서 물으셨다.

"저분은 누구신가요?"

"제 어머니이십니다. 현장 일이 너무 바빠서 그림을 미처 치우지 못했네요. 죄송합니다."

목사님은 아무 말씀 없이 계속 어머니의 초상화를 바라보셨다.

"목사님. 혹시 제 어머니를 아십니까?"

"내가 알지요. 내가 알지요."

하지만 어떻게 아시는지는 말씀하지 않으시고 고개만 끄덕끄덕하셨다. 어쩌면 교회 마당을 지나실 때마다 어머니가 오랜 관절염과 중풍으로 불편한 다리로 목사님께 다가가 머리를 들이밀며 "우리 아들 위해서 안수기도 해주세요."라고 부탁하시던 모습을 떠올리셨는지도 모르겠다. 어머니는 늘 나에게 조 목사님께 기도 받으러 가자고 권하셨는데, 나는 회사가 바쁘다는 핑계로 한 번도 그 말씀을 따른 적이 없었다.

그러나 이제는 하고 싶어도 그렇게 해드릴 수가 없다. 어머니는 아들에게 맛난 두부찌개를 끓여 주겠다고 말도 없이 혼자 시장에 다녀오시다가 교통사고를 당해 소천하셨다. 집에 돌아오는 길에 시내버스에서 내리다 옷이 문에 끼어 버스에 끌려가시다가 돌아가신 것이다. 그 때문에 지금도 나는 버스 뒷바퀴를 똑바로 바라보지 못한다. 그 고통 속에서도 손에 꼭 쥐고 계셨던 장바구니에는 대파 두 단, 두부 두 모, 통마늘 두 개, 그리고 어묵이 들어 있었다. 전부 내가 평소에 좋아하고 즐겨 먹는 식재료들이었다. 그렇게 어머니의 아들 사랑은 지극하고 한이 없었다. 내가 어렸을 때부터 평생 한결같으셨다.

초등학교 때 이런 일이 있었다. 집안 사정 때문에 어머니와 떨어져 할머니와 살고 있었는데, 소풍날 가방을 제때 챙기지 못하는 바람에 그만 빈손으로 학교에 가게 되었다. 그날의 소풍 장소는 강화도 전등사였다. 단체로 관광버스를 타고 이동했는데 부모와 함께 온 학생들은 전등사에 도착하자마자 준비해 온 도시락과 음료수를 먹느라 부산을 떨었다.

아무것도 챙겨 오지 못한 나는 혼자 멀찌감치 떨어져 나무 그늘에 앉아 있었는데, 멀리서부터 양손에 무언가를 잔뜩 든 채 절룩거리며 걸어오는 사람이 눈에 띄었다. 그 사람은 다리가 불편해 보였다. 자세히 보니 바로 내 어머니셨다. 내가 소풍 가방을 챙겨 가지 못했다는 소식을 듣고 덜컹거리는 낡은 시외버스를 타고 강화도까지 찾아오신 것이었다. 식사시간이 많이 지났지만 나는 어머니가 정성스럽게 만들어 오신 김밥과 호리병에 담긴 달콤한 꿀물을 - 음료수 대신에 - 맛나게 먹고 마셨다. 지금도 노란 볏짚에 싸여 있던 그 꿀물 병이 자주 생각난다. 어머니가 좋아하시던 달콤한 꿀물, 어머니의 정성이 가득 담긴 그 꿀물 병 말이다.

이제 그분은 주님과 함께 천국에 계신다. 언젠가 나도 천국에 가면 사랑하는 어머니를 다시 뵐 수 있을 것이다. 그때 어머님께 진정으로 효도하지 못한 것에 대한 아쉬움과 죄송한 마음을 전할 수 있을까? 넓고 편안한 차에 어머니를 모시고 내가 직접 운전해서 좋은 구경도 시켜 드리고, 평소 좋아하시던 달콤한 꿀물도 마음껏 드시라고 타 드리고 싶다. 하지만 이제 그분은 아무리 찾아도 곁에 계시지 않으니, 그저 나 혼자만의 아쉬움과 헛된 바람일 뿐이다. '부모님은 살아 계실 때 잘해 드려야 한다.'는 당연한 진리를 나는 왜 이제야 깨닫게 된 걸까. 그래도 어머니가 내게 하신 당부 중에 가장 중요한 것 한 가지, 하나님을 향한 믿음만큼은 놓치지 말라고 하신 말씀이 오직 감사할 따름이다.

어머니는 언제나 이렇게 말씀하셨다.

"믿음을 절대로 잃지 마라. 하나님은 네 믿음 위에 그 믿음에 맞는 복을 부어 주신단다."

정말 그랬다. 내 인생길에서 하나님은 그분을 믿고 의지하며 순종하는 만큼 은혜와 능력을 베풀어 주셨다. 아니, 앞에서 나눈 이야기들에서처럼 더 넘치게 부어 주셨다. 이렇게 살아 계신 하나님을 끊임없이 의식하고 경험할 수 있었던 것은 모두 어머니로부터 물려받은 신앙 덕분이었다. 인생을 살아가는 데 이보다 더 귀하고 값진 재산은 없을 것이다.

살아 계신 하나님이 정말로 우리의 현실 가운데 들어와 계시다는 것을 깨달으면 누구나 지금 자신이 어디에 있는지 주목하게 된다. 인본주의에 빠진 세상은 하나님 앞에 자신을 겸손히 포기하고 순종하는 것은 어리석은 일이라고 비난해 왔다. 인생의 개척자는 자기 자신이며 존재 여부도 증명할 수 없는 신 따위를 의지하는 것은 나약하고 유치한 짓이라고 말하지만 하나님은 우리를 무기력하고 수동적인 조연의 자리로 밀어내는 대신, 우리의 손을 잡고 험난한 인생길을 함께 걸으신다. 그리고 그분이 우리에게 속삭여 주시는 메시지는 너무나 단순하다.

"지치고 고단한 인생들아. 있는 모습 그대로 내게 오너라. 내가 너희를 쉬게 하겠다."

어렴풋한 기억 속의 하나님
하나님을 만나다
나의 '빽'이 되신 하나님
사장에서 실업자로
억울한 누명을 쓰다
영혼의 대수술
약할 때 오히려 기뻐할 수 있는 이유

CHAPTER 2

오직 하나님만 나의 도움이시라

• CHAPTER 2 •

오직 하나님만
나의 도움이시라

어렴풋한 기억 속의 하나님

풍성한 가을이 돌아올 때마다 어린 시절, 어렴풋하게 기억나는 장면이 있다. 내가 태어난 서울 관훈동 집에는 커다란 광이 있었다. 가을이 되면 태릉 먹골에 있는 과수원에서 누런 종이에 싼 먹골배를 달구지에 가득 싣고 왔는데, 그렇게 가져온 배를 큰 광에 뒤쪽부터 쏟아 놓아 가득 채우곤 했다. 누런 종이를 벗기고 배를 한입 베어 물면 하얀 속살이 드러나며 시원하고 달콤한 배 과즙이 입안을 가득 채우던 기억이 난다.

그리고 집안의 어른들이 나를 볼 때마다 "너는 우리 가문의 장손이다."라고 말씀하시던 기억도 난다. 아직 어려서 무슨 말인지 알아듣지도 못하는 아이에게 '장손'임을 가르칠 정도로 유교사상에 젖어 있는 집안이었던 것이다.

지금도 친척들은 내가 할아버지의 외모를 가장 닮았다고 한다. 그러나 내가 할아버지에 대해 갖고 있는 기억은 하나뿐이다. 새벽 동트기 전에 일찍 일어나셔서 담뱃대를 물고 소가 끄는 달구지에 앉아 워낭소리를 들으며 태릉 과수원까지 먼 길을 다녀오시던 모습만 남아 있다. 그래서 나는 할아버지의 사진을 자주 들여다본다. 낡은 흑백사진 속의 할아버지는 나와 많이 닮았다. 특히 고등학생 때 내 사진과 비교하면 정말 똑같다. 어쩌면 나의 좀 급한 성격도 할아버지로부터 물려받은 것일지 모르겠다.

할아버지는 자손들을 위해 성실하게 재산을 모으셨다고 했다. 지주라는 이유로 한국전쟁 때 공산군의 손에 돌아가셨지만 그래도 할아버지는 자손들을 위해 산 것을 후회하지 않으셨을 것 같다. 그리고 자손들이 가산을 탕진해도 끝까지 그들을 사랑하셨을 것이다.

할아버지가 변을 당하신 뒤, 졸지에 가장이 된 아버지는 그 많던 재산을 날려 버리고 집안도 돌보지 않으셨다. 그런 와중에 어머니를 두고 다른 여자와 살림까지 차려 나가 사는 통에 우리 집 가세는 말도 못할 만큼 기울어졌다. 젊은 나이에 중풍을 얻어 거동이 불편하셨던 어머니는 마음에 큰 상처를 입은 채, 아버지와 별거해서 혼자 생활하셨다. 고등학생이었던 누님은 가정교사로 학비를 벌며 가르치는 아이의 집에 얹혀살고 있었다.

나는 할머니와 아직 미혼인 삼촌 고모들과 함께 살며 학창 시절을 보냈다. 내 방은커녕 삼촌이 덮고 자는 이불 발치에 누워 새우잠을 자야 할 만큼 힘겨운 삶이었다. 학교 공납금을 낼 시기가 돌아올 때면 늘 '이번에는 누구에게 돈 이야기를 해야 하나.' 걱정해야 했다.

그러던 어느 날, 교회 종소리가 들려왔다. 어렸을 때 교회에 데려가주신 엄마 생각이 나고 기분도 울적해서 하나님께 기도하고 싶은 마음이 간절했다. 아무도 모르게 살금살금 걸어가 대문 앞에 섰다. 할머니에게 들키면 된통 야단맞을 게 뻔했다. 한번은 교회에 갔다고 할머니가 회초리로 때리려 하시는 걸 요리조리 피하고 막았더니 내 손을 이로 물어뜯으신 적도 있었다.

남은 문제는 들키지 않고 대문을 통과하는 것이었다. 당시 살던 집이 한옥이라 대문을 열고 닫을 때마다 큰 소리가 나서 사람이 들고나는 것을 쉽게 알 수 있었다. 나는 작은 돌멩이 하나를 손에 들고 소리가 나지 않게 대문 한쪽을 들어 살짝 열었다. 가슴이 콩닥콩닥 뛰었다. 조심스럽게 몸을 빼낸 뒤에 열어 놓은 문 아래에 들고 있던 돌멩이를 고였다. 그러고 문을 닫았는데 갑자기 불어온 바람 때문에 삐걱 하고 큰 소리가 나고 말았다. 나는 뒤도 돌아보지 않고 냅다 교회로 달려갔다.

그렇게 찾아간 곳은 사직동의 한 작은 교회였다. 예배실 바닥에 노란 비닐 장판을 깔아 놓은 것이 기억난다. 기도하려고 무릎을 꿇고 눈을 감았는데 뜨거운 눈물이 주르륵 흘러내렸다. 그때는 왜 눈물이 나는지 몰랐다. 길지 않은 시간이었지만 교회에 머무는 동안 어머니의 품 안에 있는 것 같은 평안을 느낄 수 있었다. 덕분에 가볍고 기쁜 발걸음으로 집에 돌아올 수 있었다.

자식이라면 누구나 어머니의 사랑을 그리워할 것이다. 나 역시 언제나 당신보다 아들을 더 생각하며 아끼시던 어머니의 애틋한 사랑을 기억하고 있다. 하지만 어머니가 평생 믿고 의지하셨던 하나님이 나의 하나님 되시며, 내 인생의 동반자이신 것은 깨닫지 못했다.

하나님을 만나다

어느덧 고등학교 졸업반이 되었다. 고등학교를 마치는 것도 버거운 형편이라 대학에 대해서는 아예 생각을 접고 있었다. 하지만 감사하게도 외할아버지의 도움으로 겨우 대학생이 될 수 있었다. 열심히 공부하며 최선을 다해 학교생활을 했지만 미래에 대한 두려움과 걱정이 늘 따라다녔다. 그러다가 군대에 다녀왔고 마침내 졸업반이 되었다. 졸업 시험까지 마치고 나니 취업 문제가 냉혹한 현실로 닥쳐왔다. 크리스마스 시즌이 되었지만 같은 졸업반 친구들은 너 나 할 것 없이 초조하고 긴장된 시간을 보내고 있었다.

12월 24일 밤, 나는 다른 청년들과 새벽 송을 돌고 나서 혼자 교회를 향해 터덜터덜 걸음을 옮겼다. 하나님 앞에 나가 기도해야 할 것 같았다. 지금까지 어렵게 살아온 것에 대해 아뢰고, 좋은 회사에 취업해서 홀로 고생을 많이 하신 어머니를 잘 모실 수 있게 해달라고 간구하고, 나의 힘이 되시는 주님 앞에서 막연하나마 미래의 계획을 정리하고 싶었다.

그리고 성탄절인 다음 날 세례식이 있었는데, 박점득 담임목사님은 내게 더 미루지 말고 이번에 꼭 세례 받으라고 다짐까지 받으셨다. 이왕 이렇게 된 거 군대에서도 받지 못했던 세례를 이번 기회에 꼭 받기로 마음먹었다. 어쩐지 이번 성탄절이 내 인생에서 매우 중요한 날이 될 것 같아 기도로 준비하고 싶었다.

군대를 제대하고 대학에 복학할 때부터 나는 학교 근처에 있는 인천 용현감리교회에 출석하기 시작했다. 이곳은 한국전쟁 때 황해도 연백에서 피난 나오신 박점득 목사님과 교인들이 어렵게 세운 교회다.

새벽예배 장소는 지하에 있었는데 아직 이른 시간이라 불이 꺼져 있어서 캄캄했다. 어둠속을 더듬어 의자에 앉아 기도하려고 눈을 감았는데, 별안간 과거의 내 모습들이 떠오르기 시작했다. 그동안 저질렀던 내 모든 나쁜 짓이 죄다 머릿속에 스쳐 지나갔다. 그러고는 내 의지와 상관없이 뜨거운 눈물이 마구 쏟아지기 시작했다.

그중에서도 국민학교(초등학교) 1학년 때 있었던 일이 가장 마음 아프게 다가왔다. 나는 어머니에게 동전을 받아 연필 깎는 칼을 사러 동네 문방구에 갔다. 그런데 과자와 사탕을 덮어 놓은 유리 뚜껑 위에 누군가 두고 간 동전을 보게 되었다. 나는 주인아줌마에게 과자 덮개 위의 동전을 가리키며 "돈은 여기 있어요."라고 말하고는 냉큼 연필 깎는 칼을 받아 가지고 나왔다.

신이 나서 집에 돌아온 나는 어머니에게 공짜로 칼을 샀다고 자랑했다.

"엄마. 오늘 나 돈 벌었어. 돈 안 주고 칼 사왔어."

자초지종을 들으신 어머니는 말없이 밖으로 나가 싸리 빗자루에서 대나무 하나를 빼 오셨다. 그러고는 왼손으로 나를 번쩍 들어 대롱대롱 매달리게 한 뒤 머리끝에서 발끝까지 온몸이 빨갛게 되도록 회초리를 때리셨다. 맞는 나도 울고 때리는 어머니도 울었다. 그때 매를 맞던 모습이 너무나 생생해서 지금도 잊히지 않는다. 그렇게 모든 죄가 낱낱이 떠오르면서 어깨를 들썩이던 흐느낌은 금세 대성통곡이 되어 버렸다.

삼십 분 정도 지나자 예배실에 불이 켜지고 성도들이 하나둘 들어오기 시작했다. 하지만 아무리 진정하려 해도 한 번 터진 울음은 막을 수 없었다. 너무 창피해서 의자 밑으로 내려가 바닥에 주저앉았지만 그래도 통곡은 계속되었다. 감사하게도 담임목사님은 내가 진정할 때까지 예배 전 찬양을 이끌어 주셨다. 겨우 통곡이 흐느낌으로 잦아들자 예배가 시작되었고, 예배가 끝났을 때 나는 성령 하나님의 임재와 그분이 주시는 평안을 너무나 충만하게 느낄 수 있었다. 내 평생 전무후무한 경험이었다.

정신을 차린 나는 창피한 마음에 예배가 끝나자마자 서둘러 교회를 빠져나왔다. 집으로 돌아가는 길은 교회에 갈 때와 전혀 달랐다. 마치 다른 세상에 와 있는 것 같았다. 교회에 갈 때는 - 내 기분 탓이었겠지만 - 모든 것이 어둡고 차가워 보였는데 이제는 온 세상이 아름답게 느껴졌다. 나도 모르게 얼굴에 미소가 피어났고, 거리를 오가는 사람들이 너무 사랑스러워서 그들에게 내가 만난 예수님에 대해 이야기해 주고 싶었다.

그리고 바로 그날, 1972년 12월 25일에 하나님은 내게 또 하나의 은혜롭고 감격스러운 선물을 주셨다. 오랫동안 바라고 기다려온 세례를 받게 된 것이다.

나의 '백'이 되신 하나님

그 후로 내 신앙생활은 완전히 바뀌었다. 주일이 되면 종소리도 나기 전인 새벽부터 교회에 나갔다. 제일 먼저 텅 빈 예배실 맨 앞자리에 앉아 하나님께 기도하고 마루 청소와 방석 정리를 했다. 시키는 사람도 없는데 내가 그냥 그렇게 하고 싶었다. 예배시간에는 늘 맨 앞자리에 단정히 앉아 방송 기자재를 관리했다. 내가 하는 일은 목사님의 무선마이크에 잡음이 생길 때 안테나의 방향과 음량을 조정하는 것이었다. 이것도 내가 자원해서 하게 된 일이었다. 목사님의 설교 한 마디 한 마디가 새롭고 은혜로워서 예배시간이 너무나 즐겁고 행복했다.

그리고 하숙집에서는 틈만 나면 주인아주머니와 교회에서 배운 성경 이야기와 은혜받은 내용을 나누곤 했다. 다른 교회에 출석하던 주인아주머니는 믿음 좋고 착한 분이었지만, 교회 다니는 것 때문에 남편에게 핍박을 받고 있었다. 아내의 신앙생활을 못마땅하게 여기던 주인아저씨는 술만 마시면 아주머니에게 손찌검을 했다. 그런 날이면 마루 끝에 혼자 앉아 눈물 흘리는 아주머니를 볼 수 있었는데, "아주머니. 또 아저씨한테 야단맞으셨어요?"라고 말을 건네면 씩 웃으며 이렇게 말씀하셨다.

"예수님은 날 위해 더 큰 고초를 당하셨는데 이 정도는 아무것도 아니지, 뭐. 괜찮아."

매 맞고 밖으로 쫓겨나도 억울한 마음을 속으로 삭이다가, 다음 날 아침이 되면 어김없이 못된 남편을 위해 시원한 해장국을 끓여 주는 천사 같은 분이었다. 하나님은 반드시 아주머니의 눈물의 기도를 들으시고 그분의 때에 핍박자 남편을 변화시키실 것이다.

이 시절, 이런 일도 있었다. 어느 수요일 저녁예배 때 목사님이 이런 광고를 하셨다.

"우리 교회에 성찬기를 담아 둘 성찬기함이 필요합니다. 어느 분이든 성령님이 인도하시는 대로 헌물해 주시면 감사하겠습니다."

그 말을 듣자마자 '저건 내가 헌물해야지.'라고 마음먹었다.

다음 날 나는 모아 두었던 용돈을 탈탈 털어 새벽 4시 첫 전동차로 성찬기함을 판매하는 경기도 부천의 신애가구점을 찾아갔다. 도착해 보니 오전 6시. 아직 이른 시간이라 공장 문은 닫혀 있었다. 사장님이 출근할 때까지 문 앞에서 기다렸다가 성찬기함을 사 가지고 전동차를 타고 돌아오는데 너무 신이 나고 기뻤다.

'주님. 제게 이렇게 섬길 수 있는 기회를 주셔서 감사드립니다.'

마음속으로 이런 고백을 하며 곧장 담임목사님의 사택으로 달려갔다. 문을 두드리니 목사님이 놀란 표정으로 나오셨다.

"아침식사 시간에 무슨 일인가?"

"목사님. 혹시 성찬기함을 헌물한 사람이 있나요?"

"아니. 아직 없는데, 왜 그러나?"

"하나님. 감사합니다! 목사님. 제가 성찬기함을 헌물하겠습니다."

놀라시는 목사님께 성찬기함을 건네고 집으로 돌아가는데 가슴속에 말할 수 없는 기쁨이 밀려왔다. 주님께서도 기쁘게 받으셨을 것이다. 이것이 내가 하나님을 기쁘게 해드리려고 했던 첫 번째 헌신이었다.

하나님은 내 인생에 그런 건 없을 거라고 생각했던 '백'이었다. 왜냐하면 지금까지 내가 봐왔던 '백'은 돈 아니면 학벌이었기 때문이다. 답답한 속이 뻥 뚫리는 것 같았다. 돈과 성공, 명예처럼 누구나 붙잡고 싶어 하는 것들을 이토록 하잘것없고 무력하며 의미 없는 것으로 만들어 버리는 존재는 어디서도 만난 적이 없었다. 나는 담담하게 이 세상에 내가 의지할 것이 없음을 인정하는 동시에 이 세상을 담대하게 살게 해줄 '내 편'이 있음도 확신하게 되었다. 그 증거가 앞에서 나눴던 전기 주임 기술자 자격시험이었다. 어떻게 당일치기로 그토록 어려운 시험에 합격할 수 있단 말인가! 그러나 안타깝게도 나는 얼마 지나지 않아 그 사실을 잊고 말았다. 바쁜 사회생활 속에서 하나님 대신 자신을 의지하던 예전의 삶으로 돌아가기 시작한 것이다.

사장에서 실업자로

대학 졸업을 앞두고 나는 전기 주임 기술자 자격증 덕분에 어느 회사에 지원하든 무조건 1차 서류 심사에 합격할 수 있었다. 순조롭게 원하던 회사에 취직했고, 나중에는 다시 대기업에 스카우트까지 되었다. 그곳에서도 입사 동기들보다 빠르게 승진할 수 있었다. 회사를 옮길 때마다 직급과 급여가 올라 너무 뿌듯했고 승승장구하는 내 자신이 고급 엘리트처럼 느껴졌다. 퇴근하고 난 뒤에는 '이런 게 인생이지 뭐가 더 있겠어.'라는 마음으로 동료 사원들과 어울려 밤늦게까지 술에 찌들어 지냈다. 그러는 가운데 나는 어리석게도 '다 내가 능력이 있어서 이렇게 된 거야.'라는 엄청난 착각에 빠지고 말았다. 그 시절 주님도 이런 나를 걱정스러운 눈길로 지켜보셨을 것이다.

그렇게 직장생활에 익숙해질 즈음, 문득 사업을 해보고 싶다는 생각이 들었다. 회사가 다람쥐 쳇바퀴 돌리는 것처럼 단조롭고 지루하게 느껴졌기 때문이었다. 한번은 시장조사를 하다가 인도네시아에서 망고루라는 나무로 숯을 만들어 파는데, 그것을 국내 시중 소비자가격의 절반으로 수입할 수 있다는 사실을 알게 되었다.

'망고루 숯을 수입해다 팔면 월급쟁이로 사는 것보다 훨씬 돈을 많이 벌 수 있겠다.'

이런 확신이 들자 곧바로 회사에 사표를 냈다. 주변 분들 모두가 철없는 나를 걱정하며 적극 만류하셨다. 대학 선배였던 부사장님은 "나이가 젊으니 아직은 직장생활을 더 하는 것이 좋다."고 말리셨고, 고등학교 선배였던 사장님은 "패기는 좋지만 더 신중하게 생각해 보라."며 사표를 반려하셨다. 하지만 대박의 꿈에 부풀어 있던 나는 사표를 낸 다음 날부터 회사에 출근하지 않았고, 결국 20일 뒤 사표가 수리되었다.

확실히(?) 실업자가 된 다음 날 나는 상쾌한 기분으로 잠에서 깨어났다.

"자, 오늘부터는 나도 사장이다!"

하지만 아침 일찍 배달된 조간신문을 펼치는 순간, 하늘이 무너지는 것 같았다. 당시 우리나라는 헐벗은 산이 많았기 때문에 정부 차원에서 숲을 조성하는 녹화사업을 벌이고 있었다. 그래서 학교나 관공서에 가보면 '나라사랑 나무사랑'이나 '너도 나도 산불조심' 같은 슬로건이 적힌 포스터와 현수막을 많이 볼 수 있었다. 그런데 신문 사회면 톱기사의 헤드라인에 이렇게 적혀 있는 것이 아닌가!

"강원도 참나무 벌목 허가"

녹화사업이 성공적으로 시행되어 이제부터는 벌목을 허가하겠다는 정부의 발표였다. 언론 보도 후 참숯 값은 곧바로 절반으로 떨어졌고, 서울의 불고기집을 중심으로 시장조사를 해보니 전에는 한 섬 정도였던 보유량을 이제는 두세 섬 정도로 늘리고 있었다. 수입산 숯으로 한몫 보려던 내 꿈이 물거품이 되어 버렸다. 국산 숯 가격이 수입산 숯 수준으로 하락하는 바람에 사업은 시작도 못해 보고 직장만 잃은 꼴이 되고 말았다.

숯 수입 사업은 내게 인생역전을 가져다줄 '한방'이었다. 정부의 정책만 바뀌지 않았다면 분명 성공했을 완벽한 계획이었다. 안정된 직장을 미련 없이 내던진 것도 그 때문이었다. 그런데 왜 이런 일이 벌어진 것일까?

졸지에 백수가 된 나는 아이들 등교 시간에 맞춰 함께 집을 나섰다. 아무것도 모르는 아이들은 미적대는 내게 학교에 늦는다며 빨리 나가자고 성화를 부렸다. 함께 버스를 타고 가다 아이들은 학교 앞 정류장에 내리고 나는 동대문과 청계천 8가를 돌며 일거리를 찾아다녔다. 하지만 아무 일도 찾지 못한 채 6개월이 지나가 버렸다. 그때 두 번 다시 생각하기 싫은 가슴 아픈 일이 내 인생에 찾아왔다.

억울한 누명을 쓰다

실직 상태가 길어지면서 우리 집에 경제적 어려움이 찾아왔다. 집에 쌀이 떨어지기 일보직전에 작은 전기공사 업체 사장의 소개로 해외 건설 사업에 참여할 수 있었다. 나는 당시 모 대기업 건설회사가 사우디아라비아에서 맡고 있던 프로젝트 공사장의 전기도급공사 현장소장으로 발탁되었다.

그전까지는 도급을 주는 갑의 입장이었지만 이제는 도급을 받는 을의 입장이 되었으므로, 현장에서 나를 도와줄 믿을 만한 총무가 한 사람 필요했다. 그때 누군가 나를 찾아왔다. 기억이 잘 나지는 않았지만 그는 나를 아는 눈치였다.

"소장님, 혹시 저 모르시겠어요?"

"글쎄요. 죄송합니다만 잘 모르겠네요. 누구신지요?"

"소장님은 저를 모르시겠지만 저는 소장님께서 이란 쉬라즈 현장에서 전기감독관으로 계실 때 뵌 적이 있습니다."

"그럼 지금은 무슨 일을 하고 계세요?"

"아, 네. 지금은 그냥 놀고 있습니다."

그와 대화를 나누다가 이런 생각이 들었다.

'해외 현장에서 함께 일한 적이 있다고 하니 내 업무 방식을 어느 정도는 알고 있겠구나. 그렇다면 아예 모르는 사람보다 이분과 일하는 것이 낫겠다.'

그래서 그에게 함께 일할 것을 제안했다.

"아, 그러시면 저랑 사우디에 가서 함께 일해 보시겠어요?"

그는 기뻐하며 기다렸다는 듯이 말했다.

"네. 감사합니다. 제가 잘 보필할 테니 소장님은 아무 걱정 마십시오."

볼수록 든든한 사람이라는 생각이 들어 대기업 감독관에게도 총무 일을 맡을 사람이라고 그를 소개시켰다.

그런데 갑자기 그와의 연락이 두절되었다. 출국하기 일주일 전까지 구비서류를 제출해야 하는데 연락도 없고 나타나지도 않는 것이었다. 애타게 기다리고 있는데 그가 출국 삼 일 전에 비로소 찾아와 이런 고백을 했다.

"소장님. 죽을죄를 지었습니다. 총무의 자격요건 중에 '고졸 이상의 학력'이 있는 줄 아는데요. 사실은 제가 고등학교를 졸업하지 못했습니다. 정말 죄송합니다."

"그러면 진작 알려서 다른 사람으로 교체하게 했어야지. 당장 모레면 출국인데 어떻게 하라고 지금 이야기한단 말인가?"

"죄송합니다. 소장님. 대기업 쪽에 잘 이야기해 주셔서 저도 사우디에 데려가 주세요. 부탁드립니다."

하지만 나도 선택의 여지가 없었다. 이제는 총무를 다른 사람으로 교체할 시간 여유가 없었다. 그래서 대기업 감독관을 만나 사정 이야기를 하고 어렵게 허락을 받을 수 있었다.

"소장님이 데리고 일할 사람이니 소장님이 알아서 하시고 공사만 차질 없게 진행해 주세요."

그렇게 겨우 그와 함께 일할 수 있게 되었다.

출국 전날 저녁 민 총무가 우리 집에 찾아왔다.

"떠날 준비하려면 바쁠 텐데 무슨 일인가?"

그는 말없이 봉투 하나를 방바닥에 내려놓았다.

"이게 뭔가?"

"자격도 없는 사람을 사우디까지 데려가 주신 소장님께 드리는 제 작은 성의입니다. 부디 받아 주십시오."

봉투를 열어 보니 10만 원권 수표 다섯 장, 50만 원이 들어 있었다.

"여보게, 뭐가 감사한가. 사우디에 가서 일만 잘해 주면 되지. 우리 공사나 잘 끝내고 기분 좋게 돌아오자고."

그때 밖에서 아내의 목소리가 들려왔다.

"여보. 전화 왔어요."

나가 보니 아내가 나를 붙잡고 조용히 이렇게 말했다.

"여보. 지난 6개월 동안 수입이 없어서 우리 형편이 말이 아닌 거 아시죠? 이왕 가져온 돈이니 잠시 빌려 씁시다. 일단 이 돈을 생활비에 보태고 사우디에서 당신 급여가 나오는 대로 갚아 주면 어때요?"

직장을 그만둔 뒤로 아내가 퇴직금만 가지고 얼마나 고생하며 살아왔는지 잘 아는 터라 고민이 되었다. 결국 망설이던 끝에 나는 민 총무에게 사정을 이야기하고 이렇게 부탁했다.

"여보게. 이왕 가져왔으니 이 돈을 내게 3개월만 빌려주게나. 급여 받아서 3개월 뒤에 꼭 갚도록 하겠네."

다음 날 우리는 사우디아라비아 공사 현장으로 떠났다. 그리고 3개월 동안 공사 현장의 먼지 속을 열심히 뛰어다니며 눈코 뜰 새 없이 바쁜 시간을 보냈다. 피곤하고 힘들었지만 오랜만에 현장에서 일하니 마음은 편했다.

그러던 어느 날 대기업 측 감독 부장이 나를 불러 조용히 물었다.

"김 소장님. 소장님이 데려오신 그 민 총무는 일을 잘하고 있나요?"

"네. 부장님. 잘합니다. 일도 일이지만 업무 마치고 숙소에 들어오면 발 씻을 물까지 떠다 줄 정도로 저를 잘 챙겨 줍니다. 하지 말라고 하는데도 계속 그러네요."

감독 부장은 고개를 갸우뚱하며 아리송한 말을 건넸다.

"그래요? 어쨌든 그 사람 잘 지켜보세요."

다른 설비 소장도 현장 이야기를 나누던 도중에 이상한 이야기를 했다.

"김 소장님. 민 총무가 소장님에 관해 안 좋은 소문을 내고 다니는 것 알고 계세요?"

"네? 그럴 리 없어요. 전부터 현장에서 함께 일하던 사람인데요."

그는 심각한 표정으로 이렇게 말했다.

"총무는 소장의 손발이라 힘들게 하면 바로 교체하는 것이 좋습니다."

아무래도 무슨 일이 있는 것 같아 민 총무를 내 방으로 조용히 불렀다.

"자네, 요즘 내게 무슨 불만이 있나? 어려운 일 있으면 얘기해 보게."

하지만 그는 굳은 얼굴로 묵묵부답이었다.

며칠 뒤, 서울 본사에서 연락이 왔다. 사장님의 전화였다.

"김 소장. 자네 한국에 있을 때 사우디에 데려가는 조건으로 직원에게 돈 받은 적 있나?"

"네? 무슨 말씀이세요?"

"무슨 소리냐고? 그 직원이 당신에게 줬다는 수표의 사본이 지금 내 손에 있네. 어떻게 된 일인지 설명 좀 해주겠나?"

그제야 민 총무에게 빌렸던 10만 원권 수표 5장이 생각났다.

"사장님. 그건 오해입니다. 그 돈은 제가 개인적으로 빌린 겁니다."

"어쨌든 이번 일이 대기업 쪽에도 알려졌으니 얼른 한국으로 돌아오게."

말도 안 되는 누명이었다. 차용증은 쓰지 않았지만 분명 빌리는 것이었고 3개월 뒤에 돌려주기로 대화했었다. 감독관에게 사정까지 해가며 자격 안 되는 사람에게 일할 기회를 준 은인에게 어떻게 이럴 수 있을까. 가난한 형편을 이용해 수표의 복사본까지 만들어 나를 함정에 빠뜨리려 했다는 사실에 분노가 치밀고 몸이 떨렸다. 민 총무의 얼굴을 다시 보니 너무 추해 보였다. 사람에게 진절머리가 나고 말도 섞기 싫어서 혼자 조용히 하나님 앞에 나아갔다. 현장 교회에 앉아 한참을 기도하고 있는데 문득 누군가 뒤에서 나를 저주하는 기도를 하고 있음을 깨닫게 되었다. 돌아보니 민 총무였다.

즉시 한국에 있는 아내에게 이 소식을 알렸고, 아내는 민 총무의 집으로 찾아가 빌린 돈 50만 원을 돌려주었다. 하지만 민 총무의 아내는 양심적인 사람이었는지 그 돈을 받지 않았다. 아내는 "원래 이 돈은 우리 것이 아닙니다. 받지 않겠다면 공탁해 놓을 테니 나중에 찾아가세요."라고 하고는, 돌아오는 길에 영등포 법원에 들러 50만 원을 총무 앞으로 공탁해 놓았다.

영혼의 대수술

한국으로 떠나는 날까지 나는 현장 교회에서 하나님 앞에 앉아 있었다. 신뢰했던 사람에게 배신당한 충격은 좀처럼 가라앉지 않았다. 아무리 생각해 봐도 내게 왜 이런 일이 일어났는지 이해할 수 없었다. 그리고 하나님도 이해할 수 없었다. 언제나 등 뒤에서 나를 지켜보시는 주님이 왜 이번 일을 막아 주지 않으셨을까? 내가 결백하다는 것을 누구보다 잘 아는 분이 왜 억울한 누명을 벗겨 주지 않으셨을까? 아니, 숯 사업을 준비할 때부터 지금까지 하나님은 왜 나를 도와주지 않고 그냥 내버려 두신 걸까?

그러면서 조금씩 깨닫게 되는 것이 있었다. 나는 그 답을 신명기 8장 말씀에서 찾았다. 이 사건은 내 마음 깊숙한 곳에 뙤리를 틀고 있는 교만을 뿌리 뽑으려는 하나님의 징계였다.

내가 오늘 네게 명하는 여호와의 명령과 법도와 규례를 지키지 아니하고 네 하나님 여호와를 잊어버리지 않도록 삼갈지어다 네가 먹어서 배부르고 아름다운 집을 짓고 거주하게 되며 또 네 소와 양이 번성하며 네 은금이 증식되며 네 소유가 다 풍부하게 될 때에 네 마음이 교만하여 네 하나님 여호와를 잊어버릴까 염려하노라 여호와는 너를 애굽 땅 종 되었던 집에서 이끌어 내시고 너를 인도하여 그 광대하고 위험한 광야 곧 불뱀과 전갈이 있고 물이 없는 간조한 땅을 지나게 하셨으며 또 너를 위하여 단단한 반석에서 물을 내셨으며 네 조상들도 알지 못하던 만나를 광야에서 네게 먹이셨나니 이는 다 너를 낮추시며 너를 시험하사 마침내 네게 복을 주려 하심이었느니라 그러나 네가 마음에 이르기를 내 능력과 내 손의 힘으로 내가 이 재물을 얻었다 말할 것이라 네 하나님 여호와를 기억하라 그가 네게 재물 얻을 능력을 주셨음이라 이같이 하심은 네 조상들에게 맹세하신 언약을 오늘과 같이 이루려 하심이니라 네가 만일 네 하나님 여호와를 잊어버리고 다른 신들을 따라 그들을 섬기며 그들에게 절하면 내가 너희에게 증거하노니 너희가 반드시 멸망할 것이라 여호와께서 너희 앞에서 멸망시키신 민족들 같이 너희도 멸망하리니 이는 너희가 너희의 하나님 여호와의 소리를 청종하지 아니함이니라(신 8:11-20)

편안하고 넉넉해지면 사람은 자기가 잘해서 그렇게 된 거라고 생각한다. 자신의 연약함과 하나님의 은혜를 잊고 교만해지는 것이다. 문제는 이 교만이 우리를 죄악의 길로 이끌어 간다. 그래서 하나님은 그렇게 되기 전에 우리 안에 숨겨진 교만의 씨앗을 다루기 원하시는 것 같다.

　신명기 8장은 가나안에 정착해서 안정된 삶을 살게 될 때 이스라엘 백성이 가장 주의하고 경계해야 할 것들에 대한 메시지다. 첫 번째는 하나님을 잊어버리는 것, 두 번째는 자기 힘으로 해냈다는 착각, 그리고 세 번째는 하나님 대신 다른 것을 먼저 의지하려는 아집이다. 그리고 이 세 가지의 뿌리가 바로 교만이다. 이스라엘 백성은 애굽에서 가나안 땅까지 가는 내내 하나님의 초자연적인 능력을 경험하며 살았다. 인류 역사상 이런 은혜를, 그것도 일방적으로 누렸던 사람이 얼마나 될까? 하지만 아무리 그런 사람들도 몸과 마음이 편해지면 하나님을 잊어버리고 자기 잘난 맛에 빠져 다른 것을 의시하게 된다는 것이다.

　하나님은 우리에게 복을 주고 더 주기 원하시는 분이다. 그 안에는 물질적인 복, 현세적인 복도 포함된다. 하지만 믿음의 사람은 그런 복을 받기 전에 머릿속을 하나님의 말씀으로 새롭게 뜯어고쳐야 한다. 물질의 참 주인이 누구이고 그것을 어떻게 관리하며, 무엇을 위해 사용해야 하는지에 대한 성경적 원칙을 제대로 알아야 한다는 말이다. 그런 것 없이 재물을 손에 쥐면 잘못 사용할 뿐 아니라 도리어 그 가진 것 때문에 망하게 된다.

　나는 인생이 잘 풀려 갈 때는 굳이 하나님께 매달릴 필요가 없다고 생각했다. 그래서였을까. 직장생활 할 때나 숯 사업을 준비할 때, 심지어 사우디에 가게 될 때도 하나님께 매달려 기도해 본 적이 없었던 것 같다. 나는 문제 앞에서 하나님을 전적으로 의지하기보다 나를 도와줄 사람들이나 물질을 먼저 찾았다. 그러다가 모든 수단이 끊어지고 간절한 해결책이 필요할 때만 하나님을 찾고 의지했다. 내가 바라본 것은 하나님이 아니라 그분의 선물이었다. 내가 추구한 것은 하나님과의 동행이 아니라 그분이 주시는 돈과 권력과 인맥과 학벌과의 동행이었다. 내가 진정으로 원한 것은 굳이 하나님이 도와주지 않으셔도 괜찮은 삶, 하나님까지 개입하지 않으셔도 살 만한 인생, 힘들게 하나님을 의지하지 않아도 전혀 불편 없는 환경이었다.

문득 언젠가 들었던 설교 말씀이 떠올랐다.

"우리가 문제를 만나면 죄에서 멀리 떠나야 하고, 회개는 빨리 해야 하고, 하나님께는 가까이 나아가야 한다."

생각이 여기까지 미치자 회개의 눈물이 터져 나오기 시작했다.

"주님. 이렇게 사용하시려고 그 총무를 붙여 주셨군요. 너무나 교만한 저를 깨뜨리시려고 그를 보내셨어요. 모든 것이 주님의 은혜임을 잊고 제가 잘나서 그런 줄 알았어요. 저를 용서해 주세요."

성령 하나님은 그렇게 사우디의 현장 교회에서 나의 옛사람을 예수 그리스도의 십자가에 못 박는 영혼의 대수술을 진행하셨다. 교만에 찌든 나를 연단해서 하나님의 순전한 자녀로 변화시키기 위한, 아픔과 고통이 따르지만 반드시 필요한 작업이었다.

약할 때 오히려 기뻐할 수 있는 이유

그 일이 있은 후, 한국으로 돌아온 나는 밤에 잠을 이루지 못했다. 나 자신에 대한 부끄러움과 내게 상처 준 이에 대한 미움, 막막한 미래에 대한 염려가 뒤섞여 가슴속에서 부글부글 끓고 있었다.

그러던 어느 날, 새벽녘에 일어나 앉아 있는데 어디선가 교회 종소리가 들려왔다. 부스스 자리에서 일어나 옆구리에 성경을 끼고 종소리가 나는 곳을 향했다. 언덕 위에 있는 자그마한 교회였는데, 예배실 벽도 지저분하고 낙서투성이 의자는 칠까지 벗겨져 있었다. 나도 모르게 눈살이 찌푸려졌다.

'뭐 이런 교회가 다 있어. 목사님과 교인들 진짜 너무하네.'

다음 날에도 일찍 눈을 떴다. 시계를 보니 새벽 2시였다. 그 순간, 어제 갔던 낡은 교회가 생각났다. 하나님의 교회를 그렇게 내버려 둘 수는 없다는 마음이 들었다. 그래서 왼손에는 벽에 칠할 흰색 수성페인트를, 오른손에는 의자에 칠할 니스 통을 들고 교회로 갔다. 그날부터 밤마다 교회에 가서 하루에 한 번씩 벽을 칠하기 시작했다. 의자까지 니스 칠을 하자 한결 깔끔한 분위기가 되었다. 이 작업을 끝내 놓고는 강단에 걸린 십자가도 닦고 뒷면에 형광등까지 새로 달아 놓았다.

작업을 마치고 처음보다 훨씬 깨끗해진 예배실을 둘러보는데 문득 오래전 내 모습이 떠올랐다. 성령 체험을 하고 한창 뜨거웠던 시절, 주머니 사정은 안 좋지만 하나님께 뭐라도 해드리고 싶어 모아 둔 돈을 탈탈 털던 나. 새벽 첫차를 타고 부천까지 가서 성찬기 함을 사다가 헌물하던 나. 까맣게 잊고 있었다. 시간이 많이 흘렀고 외모도 달라졌다. 하지만 그때의 기쁜 마음이 되살아나 이 일을 해낸 것 같았다. 작은 일이었지만 주님도 새로워진 예배실을 보시며 내 수고를 기쁘게 받으셨을 것 같았다. 이것은 내가 하나님을 기쁘게 해드리려고 했던 두 번째 헌신이었다. 아무 보상도 바라지 않는, 오직 주님만 기쁘게 해드리고 싶은 순수한 마음으로 한 것이었다. 그때부터 마음이 가벼워졌고 잠도 푹 잘 수 있게 되었다.

지금까지 필사적으로 살아왔다. 누구도 어디에도 의지할 대상이 없기 때문이었다. 더구나 나는 연약한 존재였다. 그러니 하나님이 필요할 수밖에 없었다. 시련의 골짜기를 지날 때마다 주님만 바라보았고 그분만 의지했다. 감사하게도 인생의 굽이굽이마다 내 손을 꼭 잡아 주시는 하나님을 점점 더 분명히 느낄 수 있었다. 시편 100편의 저자도 나와 같은 심정으로 이렇게 노래한 것이 아닐까.

> 여호와가 우리 하나님이신 줄 너희는 알지어다 그는 우리를 지으신 이요 우리는 그의 것이니 그의 백성이요 그의 기르시는 양이로다 (시 100:3)

성경의 저자들이 양의 비유를 사용한 것은 양이 예쁘고 소중한 짐승이어서가 아니다. 오히려 자기 혼자서는 절대로 살아남을 수 없는 짐승이기 때문에 그런 것이다. 그렇다면 '하나님의 기르시는 양'이라는 표현은 무슨 의미일까? 우리가 하나님 없이는 결코 혼자 살아남을 수 없는 존재라는 뜻이다.

하지만 시편 100편의 저자는 이런 사실을 밝히면서도 담대하고 희망적인 분위기를 잃지 않는다. 무력하기 짝이 없는 존재라지만 어딘가 믿는 구석이 있어 보인다. 그것은 바로 '여호와가 우리 하나님이심을 아는' 것이다. 하나님이 어떤 분인지 알면 자신이 누구인지 알게 된다. 그게 어떤 모습이든 절망하거나 두려워하지 않고 받아들일 수 있다. 하나님과 내가 어떤 관계인지 알기 때문이다. 하나님이 우리에게 어떤 분이며 그분과 우리가 어떤 관계인지 알면 우리가 어떤 존재이든, 우리 인생에 어떤 일이 벌어지든 흔들리지 않고 자신의 길을 걸어갈 수 있다.

거친 인생길에서 하나님은 우리를 도우시고 은혜를 베풀어 주신다. 하지만 그분은 늘 우리의 등 뒤에서 조용히 일하시는 것을 좋아하신다. 지치고 힘들 때도 우리를 위로하신다. 하지만 고통과 아픔을 사라지게 하는 것이 아니라 그 가운데 들어와 한 걸음 한 걸음 우리와 동행하기 원하신다. 하나님의 은혜를 실시간으로 깨닫기 힘든 것은 그 때문이다. 당시에는 하나님이 멀리 계신 것 같고 아무것도 하지 않으시는 것처럼 보이지만 지나고 나서 돌아보면 처음부터 끝까지 그분의 은혜였음을 깨닫게 된다. 그러니 무력하기 짝이 없는 양들이여. 기뻐하고 기뻐하라. 여호와가 우리 하나님 되신다.

다시 한 번, 창업
꿈의 출발점
일거리도 없고 일할 곳도 없고
꿈의 지향점
전기 온풍기 대소동
전기 온풍기 대역전
나의 분깃을 지켜 주시는 하나님
자가 공장의 꿈을 이루다
남을 도울 수 있는 것도 복이라

CHAPTER
3

세우고, 지키고, 넓히시다

• CHAPTER 3 •

세우고, 지키고
넓히시다

다시 한 번, 창업

    신앙생활을 열심히 하면서 사우디에서 받은 마음의 상처를 달래고 있는 중에, 당시 출석하던 교회 성도님의 소개로 작은 회사에 입사하게 되었다. 그곳은 지금 진우엔지니어링에서 제작하고 있는 것과 같은 열 기계를 만드는 회사였다.

    첫 출근하던 날, 나는 겸손한 자세로 영업하기 위해 거울을 보고 90도로 깍듯이 인사하는 연습을 했다. 모든 것을 새롭게 시작하고 싶었기 때문이다. 그럴 수밖에 없었다. 사업과 인간관계에서 큰 낭패를 겪어 자신감이 떨어져 있었기 때문에 원하든 원하지 않든 최선을 다할 수밖에 없는 입장이었다. 작은 회사를 크게 키워 보고 싶은 욕심도 있었다. 하지만 그건 내 순진한 기대였다.

사업 실적이 늘어나고 회사가 성장하는데, 급여는 제자리걸음이었다. 문제는 경영자에게 있었다. 그 회사의 사장은 회사 돌아가는 데는 관심이 없고, 수입이 생기면 슬그머니 들고 나가 도박으로 날려 버렸다. 직원들이 아무리 열심히 일을 해도 밑 빠진 독에 물 붓기였다. 회사는 차츰 운영이 어려워졌다. 하지만 그래도 회사 형편이 좋아지면 나아질 거라 기대한 나는, 어떻게든 회사를 키워 보겠다고 열심히 일했다.

그러던 어느 날, 신문에 난 입찰공고가 눈에 띄었다. 현대건설에서 짓고 있는 난지도 쓰레기 처리장의 건조장치 도급 공사였다. 견적을 넣고 상담을 했는데 현대 측에서 "귀사보다 공사비 견적을 더 싸게 낸 곳이 있습니다. 혹시 귀사에서 그 금액으로 맡아줄 수 있습니까?"라고 요청해 왔다. 원래는 그 회사와 계약하려고 했다가 공사 기간을 맞출 수 없다고 해서 포기한 상태였다. 찬밥 더운밥 가릴 수 없는 입장이었기에 우리 회사가 맡기로 하고 발주서를 받았다. 공사비 5천만 원에 15일 내 제작과 공사를 모두 마감하기로 계약했는데, 약속한 기간 내에 공사를 마치지 못하면 공사비 일부를 받을 수 없다는 조건이었다.

뚜껑을 열어 보니 정말 힘든 공사였다. 그곳은 수거해 온 재활용 쓰레기를 연료로 사용하기 위해 모두 분쇄한 뒤, 틀에 넣고 압축시켜 나무 같은 연료로 만들려고 계획된 처리시설이었다. 여기에 사용된 기계는 모두 독일 회사에서 설계하고 제작한 것들이었는데, 쓰레기 내용물 때문에 결과물이 제대로 나오지 않고 있었다. 독일에서는 배출되는 쓰레기 대부분이 사용하고 버린 봉투나 종이 등이어서 이 기계로 압축하면 나무 같은 연료가 나온다. 하지만 우리나라 쓰레기에는 비닐과 음식물 찌꺼기가 많아 기계가 제대로 작동할 수 없었다. 그래서 급한 대로 쓰레기를 운반하는 컨베이어에 열풍기 다섯 대를 달아 쓰레기를 건조시키는 조건으로 그 공사를 우리 회사에 맡긴 것이었다.

누가 봐도 비효율적인 프로젝트였지만 우리는 현대 측의 요구대로 해줘야 했다. 그것도 15일 안에 공사를 마쳐야 공사비 전액을 받을 수 있는 상황이었다. 원래는 설계 기간까지 포함해서 한 달 정도 걸리는 공사였지만 울며 겨자 먹기로 맡을 수밖에 없었다.

설계하는 동안 자재와 공사 인력 등을 구해 놓고, 도면 승인이 나자마자 현장에 용접기를 싣고 가서 용접을 시작했다. 누구나 일을 시작할 때는 서툴러서 작업 속도가 느리지만, 다음 날부터는 손에 익어서 점점 빨라지는 것이 현장 관리 사정이다. 하지만 그때는 일용직 근로자들에게 용접과 잡일을 맡긴 관계로 작업 속도가 올라가지 않았다. 그래서 일을 숙달시키기 위해 오전에 일한 사람들에게 야근임금을 2배로 - 이런 경우, 당시 다른 곳에서는 임금의 1.5배를 줬는데 - 주기로 약속하고 철야작업까지 시켜야 했다.

24시간 일하고 나면 지쳐서 일을 못 하겠다고 하기 때문에 그

다음 날에는 또 2배의 임금을 주기로 약속했다. 그렇게 잠이 올 때까지 일을 시켰더니 인부들이 작업하다가 너무 피곤해서 쓰레기 위에 쓰러져 곯아떨어져 버렸다. 그렇게 잠들면 깨워도 일어나지 못했다. 그러면 할 수 없이 다른 사람으로 교체해서라도 공사를 밀어붙였다.

10일 만에 철골 작업을 마치고 전기 작업을 시작했다. 12일째 되는 날에는 일을 마치고 시운전까지 완료했다. 현대건설 감독관에게 공사완료보고서를 내미니 "공사가 너무 빨리 끝났다."고 어이없다는 듯 웃으며 승인해 주었다. 곧바로 공사비를 받아 인부들과 하청업체에 대금을 주고 정산해 보니 딱 절반인 2,500만 원이 남았다. 사장에게 그 돈을 전달하려고 하니 옆에 있던 직원이 내 옆구리를 꾹 찔렀다.

"이사님. 이 돈을 사장님에게 다 주면 안 돼요. 분명 도박으로 몽땅 날려 버릴 거예요."

'아무리 그래도 급여에다 자재 값까지 들어갈 돈이 많은데 설마 그럴까?'

사장에게 남은 공사비 2,500만 원을 현금으로 주었더니 미소가 입가에 걸렸다. 그러더니 - 너무 기분이 좋아 별 생각 없이 한 말인지 모르지만 - 내게 이렇게 말했다.

"이사님. 나랑 제조 및 설치 업체 하나 차립시다. 얼른 준비하세요."

그런 다음에 사장은 공사 대금으로 직원들 급여만 해결하고 자재대금은 결재하지 않은 채 나머지 돈을 들고 도박하러 가버렸다.

어쨌든 제안을 받았으니 준비는 해보자 하는 마음으로 세무서에 가서 사업자등록증을 새로 만들기 위한 서류를 받아 왔다. 회사명을 신우엔지니어링으로 정하고 사장에게 구체적인 이야기를 했다. 그런데 사장은 잠시 생각해 보더니 "나는 사업자등록증이 이미 있어서 세금 문제가 생겨요. 미안하지만 이사님 혼자서 하셔야겠네요."라며 발을 빼고 말았다. 자기 입으로 함께 회사를 만들자고 했다가 세금 핑계로 못 한다고 말을 바꾸는 것을 보면서, 그가 평소 직원들이 말하던 대로 신뢰할 수 없는 사람임을 알게 되었다. 그러면서 '일은 이렇게 되었지만 이것도 주님의 은혜가 아닐까.' 하는 생각에 나 혼자서라도 사업을 해보고 싶어졌다. 사우디 일 이후 힘들게 살아도 회사를 차릴 생각은 전혀 해보지 않았던 내가 본의 아니게 내 명의의 사업자등록증을 만들게 된 것이 하나님의 인도하심으로 생각되었다.

꿈의 출발점

앞에서도 나눴지만 나도 전에는 회사를 세워 사장이 되고 싶은 적이 있었다. 하지만 신우엔지니어링의 시작은 숯 사업 때와 전혀 달랐다. 숯 사업을 벌이려고 할 때 내가 신뢰했던 것은 나 자신의 안목과 수완이었다. 정말로 내가 하면 잘될 것 같았다. 아니, 나 혼자서도 잘할 수 있을 것 같았다. 꿈을 꾼 것은 맞지만 그 출발점이 나 자신이었던 것이다.

성경에도 나처럼 자기 능력만 믿고 꿈을 꾸다 낭패를 본 사람이 있다. 그는 바로 모세다(출 1-2장). 모세는 이스라엘 사람이었지만 아기였을 때 우연한 기회에 애굽 공주의 양자가 되었다. 성인이 될 때까지 애굽 왕 파라오의 궁전에서 왕자로 살며 당대 최고의 학문을 공부한 그는, 머리가 좋고 똑똑해서 모든 분야에 박학다식 한 '금수저 능력자'로 성장했다. 하지만 모세는 - 충분히 그럴 수 있었는데도 - 자기만을 위해 살려 하지 않았다. 그는 자신이 하나님의 선민인 이스라엘 민족이라는 명확한 정체성과, 동족을 괴롭히던 애굽인 감독관을 죽일 정도로 민족애와 정의감을 갖고 있었다. 아마 모세의 가슴속에는 장차 자신의 동족을 애굽에서 해방시키고 말겠다는 비전이 불타고 있었을 것이다.

하지만 그의 비전은 시작도 해보기 전에 실패로 끝나 버렸다. 그들을 구하기 위해 모든 것을 걸었던 동족에게 외면당하고, 당시 최대의 강대국이던 애굽의 왕자 신분에서 비참한 도망자 신세로 추락한 것이다.

모세는 이기적인 목표나 개인적인 실리를 추구하지 않았다. 그가 품은 꿈은 영적인 명분이 확실하고 객관적으로도 선한 것이었다. 나도 그랬다. 나는 내 배만 불릴 생각으로 숯 사업을 구상하고 준비하지 않았다. 사업이 성공하면 교회와 선교 사역을 위해 아낌없이 재정을 지원할 마음이 있었다. 그런데 왜 실패했을까? 도대체 무엇이 문제였을까?

모세와 나의 문제는 '자아가 살아 있다'는 것이었다. 우리 둘 다 자기 자신을 가장 신뢰하고 있었다. 하나님보다 더 말이다. 자신을 신뢰하는 사람은 스스로를 '대단한 존재'로 생각하며 자기중심적으로 살아간다. 신앙을 갖고 있어도 마찬가지다. 인간은 하나님을 믿으면서도 여전히 자기를 위해 살 수 있는 너무나 뻔뻔한 존재다. 모세와 내가 그 증거다. 하지만 왜 자기 자신을 출발점 삼아 꿈꾸면 안 된다는 걸까? 내가 갖고 있는 능력과 자원을 밑천으로 꿈을 꾸는 것이 왜 문제가 될까?

우리가 변덕스럽고 연약하며 악한 것에 휩쓸리기 쉬운 존재이기 때문이다. 객관적이고 절대적인 진리가 아니라 주관적인 느낌과 생각, 시시각각 변화하는 상황과 환경, 다른 사람들의 반응에 따라 오락가락하는 나를 어떻게 신뢰하고 의지할 수 있다는 말인가? 그런 존재를 신뢰하며 인생을 살아가는 것은 모래밭에 집을 짓는 것과 같다.

하지만 이번에는 전혀 달랐다. 새로운 사업자등록증을 바라보며 내가 느낀 것은 자신감이나 뿌듯함이 아니라 하나님을 향한 뜨거운 갈망이었다. 그러니 뱃속 깊은 곳에서부터 "하나님이 길을 열어 주지 않으시면 아무것도 할 수 없습니다. 나는 아무것도 아닙니다. 나 혼자서는 절대로 할 수 없습니다!"라는 고백이 터져 나올 수밖에 없었다. 진우엔지니어링의 전신인 신우엔지니어링은 그렇게 1987년에 태어났고, 올해로 만 30살이 되었다. 또한 2016년 6월에는 검단산업단지에 건평 680평의 공장을 새로 건축해서 여의도순복음교회 이영훈 담임목사님을 모시고 하나님께 준공예배를 드리기도 했다.

일거리도 없고 일할 곳도 없고

제조업을 처음 시작할 때는 먼저 알고 주문하는 사람이 없기 때문에 실력이 좋아도 알아봐 주는 거래처를 만나기 힘들다. 그래서 하청 일이라도 얻어야 이 시기를 견뎌 낼 수 있다. 따로 회사를 차리기는 했지만 이전 직장의 사무실을 함께 사용했기 때문에, 그쪽에 어떤 일이 들어왔고 무슨 공사를 하고 있는지 훤히 볼 수 있었다. 하지만 일을 가로챌 수는 없으니 늘 어깨 너머로 바라볼 뿐이었다.

그러던 어느 날, 친했던 직원이 내게 다가와 기술적인 부분을 물어봤다. 자세히 살펴보니 수치상 '0'을 하나 빼고 열량계산을 하는 바람에 히터 용량이 10퍼센트밖에 안 되게 견적이 들어간 것을 발견하게 되었다. 그런데 그걸 보고 반월공단에 있는 한 외국인 회사에서 기계 값이 매우 저렴하다며 계약하자고 연락이 온 것이었다. 잘못 뽑은 견적 500만 원은 자재 값도 안 될 정도로 적었고, 1,500만 원 정도로 견적을 올려야 공사가 가능한 상황이었다. 실수한 직원이 내게 도움을 청했다.

"이사님. 어떻게 하죠?"

"알았어. 그럼 내가 대신 그 회사랑 대화해서 우리 쪽으로 가져와도 돼."

"이대로 제작하면 우리가 손해니까 차라리 그렇게 하세요."

"양보해 줘서 고맙네."

반월공단의 외국인 회사를 찾아가 보니 그쪽 사장은 이미 국내의 여러 업체들에게서 견적을 받아 놓은 상태였다.

준비해 간 견적서와 기술사양서를 제출하고 기계 제작에 대한 기술적 사양을 영어로 상세히 설명했더니 믿을 만하다는 눈치였다. 내 얼굴을 가만히 쳐다보던 외국인 사장이 대뜸 이렇게 물었다.

"미스터 킴. 귀사의 견적은 1,500만 원이지만 우리 쪽에는 1,200만 원까지 견적을 보내 준 회사도 있어요. 혹시 귀사도 그 가격에 가능한가요?"

나는 즉시 "네. 감사합니다. 그렇게 하겠습니다."라고 말하고 그 자리에서 1,200만 원짜리 계약서를 썼다.

사무실로 돌아가자마자 새로운 일에 착수했다. 설계는 내가 직접 하는 걸로 하고 원자재를 발주한 뒤, 함께 사무실을 쓰고 있는 이전 직장에 기계 제작을 맡겼다. 제작을 마치고 남동공단에서 실을 제조하는 외국인 회사에 완성된 기계를 납품했다. 물론 시운전도 내가 직접 하고 수금도 직접 했다. 내 생각에는 이렇게 하면 이전 직장과 우리 회사 양쪽에 유익할 것 같았다.

하지만 얼마 지나지 않아 이전 직장의 사장이 조용히 나를 불러 이렇게 말했다.

"김 이사님. 내가 듣자니 우리 회사에 들어온 수주를 가로채고 있다면서요. 알 만한 분이 그러시면 안 되죠. 이제 그만 우리 사무실에서 나가 주세요."

그쪽 회사에 손해를 입힌 적이 없고, 상호 기술교류 면에서도 양쪽에게 유익한 일이었는데 자기네 몫이 줄어든다는 생각에 그런 모양이었다. 말은 안 했지만 내심 억울하고 속이 상했다.

'도대체 나한테 왜 그러지? 내가 뭘 잘못했다고….'

모처럼 일거리가 들어와 시작하려는데, 말도 안 되는 오해로 사무실에서 쫓겨나야 하다니…. 눈앞이 캄캄했다.

결국 이전 사무실에서 300미터 정도 떨어진 건물 2층에 제도판 하나 갖다 놓고 다시 일을 시작했다.

인건비를 절약하기 위해 처제에게 사무실을 맡겨 놓고 일거리를 구하러 돌아다녔다. 그러면서 제조회사는 경험과 경력, 전문 기술과 전문 인력, 일이 없을 때 버텨 내기 위한 유동자금이 있어야 한다는 것을 알게 되었다. 그런데 큰 기업 책상에만 앉아 있던 사람이 덜컥 제조회사를 시작했으니 일이 잘 풀려나갈 리 만무했다.

일이 너무 없을 때는 무작정 지인이 경영하는 회사에 찾아갔다. 사무실에 앉아 있으니 제품에 대한 문의가 쇄도하는 것이 보였다. 지금은 우리 회사도 그렇게 제품 문의가 많이 들어오지만 당시에는 연락 오는 데가 하나도 없는 날도 많았다. 그럴 때면 내가 너무 초라하게 느껴졌다. 이 세상 어디에도 나를 기억해 주고 도와주는 사람이 없다는 생각에 서럽고 우울했다.

일거리를 찾지 못해서 또 지인의 회사에 찾아간 날이었다. 사장이 문의 전화를 받고 있는데 또 다른 문의 전화가 걸려왔다. 마침 사장 외에 그 사무실에 기술적인 상담을 할 수 있는 직원이 없어서 실례를 무릅쓰고 내가 전화를 받았다. "곧 찾아뵙고 설명드리겠습니다." 하고 전화를 끊은 뒤, 사장에게 이야기했다.

"자네는 일이 많이 들어와서 좋겠네. 우리 회사는 정말 일이 없어. 자네가 통화하는 도중에 다른 전화가 걸려 와서 그냥 내가 받았네. 부탁이 있는데…. 혹시 내가 자네 대신 그쪽에 가서 기술상담을 해도 될까?"

"그렇게 해보시겠어요? 원하신다면 다녀오세요."

그러면서 자기 회사의 빈 명함을 꺼내 내 이름을 그 위에 적어주었다. 결국 나는 내가 통화한 거래처 담당자와 세 번이나 기술 미팅을 한 뒤에 겨우 계약을 따낼 수 있었다. 그 과정에서 나보다 경험이 많고 전문 기술도 갖고 있는 지인에게 큰 도움을 받았다. 어쨌든 당시 내게 그 계약은 큰 수주였는데, 모터에 들어가는 코일을 자동으로 바니시(광택이 있는 투명한 피막을 형성하는 도료. 천연수지나 합성수지를 용매에 녹여 만든다.)에 담갔다 꺼내어 자동 건조시키는 장치를 만드는 것이었다.

그런데 공장의 대문보다 제작할 기계가 훨씬 커서 제작을 완료해도 반출할 수가 없는 상황이라, 어쩔 수 없이 공장 밖에서 작업을 진행해야 했다. 공장 밖 도로 양쪽에 빈 드럼통으로 바리케이드를 세워 놓고, 통금으로 차량이 통제되는 밤 12시부터 기계를 용접하기 시작했다. 차량이 다니지 않아 작업하기 편했지만, 기온이 영하 20도까지 내려가는 추운 날씨 때문에 빈 드럼통에 불을 피워 놓아야 했다. 그러다가 새벽 5시가 되면 하던 일을 중지하고 기계를 비닐로 덮어 공장 문 앞에 세워 둔 채, 공중목욕탕에 가서 언 몸을 녹인 뒤에 퇴근했다.

고생 끝에 완성한 건조기를 대형 화물트럭에 싣고 납품하러 가는데 눈물이 핑 돌았다.

'주님. 참 힘드네요.'

하지만 그런 와중에도 "그러나 내가 가는 길을 그가 아시나니 그가 나를 단련하신 후에는 내가 순금 같이 되어 나오리라"는 성경말씀을 꼭 붙들고 있었다(욥 23:10).

꿈의 지향점

기계 납품과 시운전을 모두 마친 뒤, 서울로 돌아와 대금 결제를 받기 위해 거래처 출납계 앞에 앉았다. 순서를 기다리고 있는데 문득 내 현실이 너무 서글퍼졌다. 일거리가 없어 걱정하고, 추위와 싸우며 작업하느라 고생하고, 공장 임대료를 못 내면 어쩌나 불안해하던 시간들이 떠오르며 갑자기 하나님께 기도하고 싶은 마음이 생겼다. 하지만 주변에 사람들이 많은 관계로 몸이 아픈 것처럼 벽에 한 손을 대고 조용히 기도하기 시작했다.

"주님. 제게도 든든한 자가 공장을 허락해 주세요! 먹고사는 데 붙잡혀 이 땅의 것만 바라보지 않고 하나님을 기쁘시게 하는 일들도 함께하고 싶어요! 제발 저를 도와주세요!"

나지막하지만 온 맘 다한 부르짖음이었고 떼쓰는 것 같지만 간절한 기도였다. 이 기도를 하나님께 올려 드린 것도 벌써 오래전 일이 되었다. 돌아보면 하나님은 당시 내가 구한 것을 모두 이루어 주셨다.

언뜻 보면 내 사업이 잘되게 해달라고 기도한 것처럼 느껴진다. 먹고사는 게 너무 힘들어서 "나 좀 살려 달라"고 하나님께 매달린 것 같다. 맞다. 그랬다. 하지만 그게 다는 아니었다. 하나님이 그런 차원에서 내 기도에 응답하신 것이 아니라는 의미다.

다시 모세에게 돌아가 보자. 처음 광야로 도망쳤을 때, 모세는 실수에 대한 후회와 동족에 대한 배신감, 암담한 미래 때문에 무척이나 서글프고 괴로웠을 것이다. 그리고 40년 뒤 모세는 80대 노인이 되었다. 젊은 시절에 그가 자랑스러워했던 것들 - 학식, 능력, 자신감, 민족애, 화술까지 - 은 사라진 지 오래였다. 모세는 자신이 죄와 탐욕에 취약하고 믿을 수 없는 존재라는 사실을 누구보다 잘 알고 있었을 것이다. 바로 그때 하나님이 모세를 찾아오신다. 그리고 그가 젊은 시절 꿈꿨던 이스라엘 해방을 명령하신다.

> 이제 가라 이스라엘 자손의 부르짖음이 내게 달하고 애굽 사람이 그들을 괴롭히는 학대도 내가 보았으니 이제 내가 너를 바로에게 보내어 너에게 내 백성 이스라엘 자손을 애굽에서 인도하여 내게 하리라(출 3:9-10)

그러나 모세는 하나님의 부르심에 꿈쩍하지 않았다. 40년 전과는 완전히 다른 반응이었다.

> 모세가 하나님께 아뢰되 내가 누구이기에 바로에게 가며 이스라엘 자손을 애굽에서 인도하여 내리이까(출 3:11)

> 모세가 여호와께 아뢰되 오 주여 나는 본래 말을 잘 하지 못하는 자니이다 주께서 주의 종에게 명령하신 후에도 역시 그러하

니 나는 입이 뻣뻣하고 혀가 둔한 자니이다(출 4:10)

모세는 "하나님, 잘못 찾아오셨습니다. 저는 그런 일 못합니다."라며 거듭 사양했다. 그는 자기가 그런 일을 감당할 수 없다는 사실을 잘 알고 있었다. 지난 40년의 도피 생활을 통해 마음과 삶의 중심에서 자기 자신을 내려놓은 것이다. 드디어 모세는 다시 꿈을 꿀 준비가 되어 있었다. 이제 필요한 것은 그의 중심에 하나님을 모시는 것이었다. 그래서 하나님은 모세에게 "내가 반드시 너와 함께하겠다"라고 말씀하신다(출 3:12).

"그래. 모세야. 네 말처럼 너는 그 일을 할 자격이 없는 사람이다. 하지만 나와 함께하면 너도 할 수 있단다. 내가 너를 부른 것은 그 때문이야."

그때부터 모세는 하나님을 중심에 모시고 새로운 꿈을 꾸기 시작했다. 40년 전과 동일하게 '이스라엘 해방'이라는 꿈이었지만, 이번에는 그 지향점이 달랐다. 40년 전의 모세는 이스라엘만 바라봤지만, 지금의 모세는 이스라엘을 통해 복 받게 될 열방을 바라보고 있었다. 그리고 하나님은 모세를 통해 이를 성취하셨다. 하나님이 주시는 꿈은 이런 것이다.

내 기도도 그랬다. 내가 지향점이 아니었다. 나는 "하나님이 길을 열어 주지 않으시면 아무것도 할 수 없습니다. 하나님이 시작하게 하셨으니 하나님이 책임져 주십시오. 나뿐 아니라 남과 교회와 세상까지 풍성히 섬길 수 있게 해주실 줄 믿습니다."라고 간구한 것이다. 나뿐 아니라 나를 통해 다른 사람까지 복을 받고 누리게 되는 삶을 꿈꾼 것이다. 하나님의 꿈이 내 안에 잉태된 순간이었다.

물론 당시에는 내 기도가 하나님의 꿈에서 나온 것인지 알지 못했다. 그 기도가 어떻게 이루어질지 짐작도 할 수 없었다. 그렇지만 하나님은 상상할 수 없는 방식으로 응답하셨고 꿈을 이루어 주셨다. 그분은 정말 우리 마음의 소원과 입술의 고백에 응답하시는 분이다. 주님, 감사합니다.

전기 온풍기 대소동

석수 철재상가에 임대로 작은 공장을 마련한 우리는 외국 잡지에 실린 팬 코일형 스팀온풍기의 카탈로그 사진을 참고로, 열원 자체를 스팀에서 전기로 바꾼 비슷한 형태의 전자동 전기 온풍기를 국내 최초로 개발했다. 이 온풍기 5대를 서울 도봉구에 있는 한전병원(한일병원) 응급실에 납품했는데, 납품한 지 이틀 만에 온풍기가 타버렸다는 연락이 왔다.

현장에 달려가 보니 조작 패널이 과열 현상으로 녹아내린 상태였다. 당시 국내 자재시장에 대전류를 견뎌 내는 부속자재가 나와 있지 않아 일반 부속자재를 사용한 것이 문제였다. 온풍기를 개발할 때부터 우려했던 일이 실제로 벌어진 것이었다.

수리하기 위해 온풍기를 가져가려 하자 담당직원은 "상사가 알면 안 되니까 그냥 여기서 고쳐 주세요."라며 공장으로 옮기는 것을 허락하지 않았다. 어쩔 수 없이 청계천에 나가 부속을 사 가지고 병원으로 돌아와 급히 수리를 마쳤다. 공장으로 돌아오는데 계속 마음이 불편해서 청계천쯤 왔을 때 다시 병원에 전화를 걸어 확인해 봤다.

"온풍기를 납품한 회사인데요. 지금은 잘 돌아가고 있습니까?"

전화를 받은 직원이 볼멘소리로 대답했다.

"잘되긴 뭐가 잘돼요! 수리하고 간 지 얼마 안 돼서 '뻥' 소리가 나면서 전원이 꺼지고 냄새도 많이 나요. 얼른 와서 다시 고쳐 주세요!"

서둘러 청계천에서 자재를 사다가 병원으로 돌아와 온풍기를 수리했다. 하지만 자재 자체가 문제였기 때문에 아무리 수리하려고 애를 써도 마찬가지였다. 눈앞이 캄캄했다.

'아, 왜 잘 알지도 못하는 기계를 만들어서 이 고생을 하는 걸까?'

아무리 고쳐도 안 되니 '그냥 이대로 돌아가서 공장 이름과 전화번호를 바꾸고 다시 시작할까' 하는 생각도 들었다. 가장 쉬운 해결책 같았지만 그것은 하나님을 믿는 사람으로서 해서는 안 되는 옳지 않은 행동이었고, 나 자신을 속이는 비겁한 일이었다.

그래서 일단 온풍기를 공장으로 가져가 고쳐 보기로 마음먹고 비밀 작전을 펼쳤다. 동행한 직원과 함께 응급실 앞 풀밭에 앉아 때를 기다렸다. 밤 12시가 되니 야식 시간인지 간호사들이 응급실을 빠져나가기 시작했다. 우리는 이때다 싶어 응급실에 들어가 온풍기 다섯 대 전부를 차에 싣고 공장으로 돌아왔다.

우리가 만든 물건이지만 납품한 뒤에 허락도 받지 않고 들고 나온 것이니 절도 행위가 분명했다.

'아침에 담당자가 출근해서 온풍기가 사라졌다는 사실을 발견하고 경찰에 신고하면 어떻게 하지? 병원에서 전화가 오면 뭐라고 해야 하나?'

걱정이 태산이었다. 사태를 수습하려면 무슨 일이 있어도 아침까지 온풍기를 고쳐 놓아야 했다. 하지만 결과는 실패였다. 밤새도록 온풍기 수리에 매달렸지만 아침까지 한 대도 고치지 못했다.

공장의 전화를 끊어 버리고 다시 온풍기에 매달렸지만 같은 현상만 반복될 뿐이었다. 그렇다고 이대로 포기할 수는 없었다. 병원 쪽이 걱정되기도 했지만 이제는 오기가 나서 끝장을 보고야 말겠다는 생각이 들었다. 그때부터 집에도 들어가지 않고 일주일 밤낮을 공장에서 온풍기와 씨름하며 사고 원인의 분석과 수리에 매달렸다. 말 그대로 '나 자신과의 싸움'이었다.

그렇게 일주일이 지나갈 무렵, 밤새 온풍기를 수리해 놓고 그대로 쓰러져 잠이 들었다. 아침이 밝아 오는 걸 느끼며 깨어났는데 몸이 따뜻했다. 혹시 하는 생각에 살펴보니 온풍기가 아무 이상 없이 제대로 작동하고 있었다. 하루 종일 틀어 놓아도 잘 돌아가고 전자동으로 운전해도 잘 돌아갔다. 수리된 것이 믿어지지 않아 온풍기를 쓰러뜨리기도 하고 심지어 던져 보기까지 했는데 아무 이상이 없었다.

5대를 전부 수리해서 차에 싣고 병원으로 갔다. 온풍기를 갖고 들어가니 아니나 다를까 담당직원이 달려와 노발대발했다.

"이 양반들아! 당신들 때문에 내 목이 날아갈 뻔했다고! 가져가도 말을 하고 가져가야죠. 도대체 당신들이 무슨 짓을 한 건지 알고 있어요?"

이야기를 들어보니 조금만 늦게 왔어도 고발당할 상황이었다. 나는 납작 엎드려 용서를 빌었다.

"정말 죄송합니다. 국내에 없는 부속을 개발해서 수리하느라 그렇게 되었습니다. 이제는 절대로 고장 나지 않을 겁니다. 만약 또 다시 문제가 생기면 제가 변상해 드리겠습니다."

이렇게 약속한 지 30년이 지났지만 아직까지 그곳에서 단 한 건의 고장 신고나 수리 요청도 없었다.

전기 온풍기 대역전

가까스로 병원 측을 달래 놓고 돌아가는 길에 곰곰이 생각해 보았다. 나 자신과의 싸움에서 이긴 것은 기쁜 일이었지만 한편으로는 이렇게까지 하며 살아야 되는 내 현실 때문에 우울했다.

문득 요 며칠 고생한 것이 억울한 마음이 들어 전자동 전기 온풍기 1대를 새로 만들어 사당 지하철역에 싣고 갔다. 그러고는 지하도 역사 안에 있는 서울 지하철 변전소 사무실 문 옆에 비닐 캡으로 포장한 온풍기를 놓아두고 돌아왔다. 거기에는 연락처와 함께 "본사에서 국내 최초로 개발한 전자동 전기온풍기입니다. 필요하신 분은 연락해 주십시오"라고 적은 메모를 써 붙여 놓았다.

뭘 기대하고 한 일은 아니었다. 죽을 고생까지 해가며 만들어낸 물건을 어떻게든 보여 주고 싶어서 전시(?)한 것뿐이었다.

'주님. 아시죠? 제 마음을….'

온풍기를 놔두고 돌아오면서 손을 얹고 이렇게 기도했다.

일주일 정도 지났을까. 지하철 설비부라는 곳에서 전화가 왔다.

"여기는 서울 지하철인데요. 거기가 신우엔지니어링(진우엔지니어링의 전신)입니까? 혹시 저희 변전소 사무실 입구에 전기 온풍기를 갖다 놓으셨나요?"

무단으로 물건을 갖다 놓아서 문제가 됐나 보다 싶어 정신이 번쩍 들었다.

"아, 네. 저희가 갖다 놓은 건데요. 곧 치우겠습니다. 죄송합니다."

그런데 수화기 너머에서 뜻밖의 대답이 들려왔다.

"그게 아니고요. 저희가 온풍기를 사용해 봤는데요. 쓰기 괜찮은 것 같아 전화드린 겁니다. 저희 쪽에 한번 들어오셔서 사용 설명 및 기술 검토를 해보면 좋겠습니다."

드디어 우리 온풍기를 사용하고 싶다는 고객이 나타난 것이다! 전화를 끊은 뒤 너무나 기뻐 모든 직원이 함성을 질렀다.

다음 날 곧바로 서울 지하철 설비부를 찾아갔다.

"저희는 지하철에서 기름 온풍기를 쓰고 있는데요. 귀사에서 만든 온풍기가 냄새도 안 나고 괜찮은 것 같아 견적을 부탁드립니다. 그리고 견본으로 2대만 더 만들어 주십시오."

돌아와서 정성껏 2대를 만들어 보냈는데 곧바로 5대를 더 만들어 달라는 연락이 왔다. 그래서 5대를 만들고 있는데 8대를 더 만들어 달라는 연락이 또 오고…. 아직 계약도 맺기 전인데 20대, 50대, 80대…. 계속해서 주문량이 늘어났다.

서울 지하철에서는 신우 외에는 이 온풍기를 만드는 곳이 없다며 수의계약(경쟁이나 입찰에 의하지 않고 상대편을 임의로 선택하여 체결하는 계약을 말하는 법률 용어)을 해주었다. 우리 온풍기가 조용하고 연기도 나지 않고 폐쇄된 공간에서 산소 손실이 없어 사용해 보고 싶다는 부서가 연이어 늘어나는 바람에 나중에는 서로 먼저 만들어 달라고 경쟁까지 붙었다고 한다. 정말 '빈 집에 소 들어간다' 는 속담이 실감 나는 상황이었다.

나중에는 주문량이 너무 많아 쌓아 놓은 완제품 때문에 공장 안에 작업 공간이 모자랐다. 그래서 철재 케이스를 만드는 판금공장과 구리에 있는 철 가공 판금공장으로 주자재인 히터와 전장품을 싣고 가 그곳에서 온풍기를 조립해야 할 때도 있었다. 지하철공사는 물건을 납품하면 즉시 통장으로 현금을 보내 줘서 원자재를 구입하고 인건비를 지급하는 데 아무 문제가 없었다. 믿어지지 않을 만큼 일이 잘 풀려서 마음이 너무 기뻤다.

지하철공사 측의 주문이 계속 밀려들어서 한번은 이런 일도 있었다. 온풍기를 화물차에 싣고 납품하러 가는 길이었는데, 동대문 근처에서 교통신호 때문에 멈춰서 기다리고 있었다. 주행신호가 들어와서 기어를 바꾸고 액셀러레이터를 밟았는데 갑자기 화물차가 뒤로 가기 시작했다. 온풍기를 너무 많이 싣는 바람에 과부하가 걸려서 차가 고장 난 것이었다. 차량 상태를 확인하러 나와 보니 마침 옆에 경찰 견인차가 서 있는 것이 눈에 띄었다. 과적 운행으로 딱지를 뗄 수도 있는 상황이었는데 무슨 용기가 나서 그랬는지 모르지만 다가가서 도움을 요청했다.

"안녕하세요. 저희 차가 고장이 나서 1단 기어를 넣어도 자꾸 뒤로 가네요. 죄송하지만 저희 차를 정비소까지만 옮겨 주시면 안 될까요?"

우리 차가 별안간 후진하는 모습을 목격해서 그랬는지 경찰관은 별다른 말없이 순순히 부탁을 들어주었다. 그런데 짐을 너무 많이 실은 관계로 견인해서 이동하는 와중에 화물차가 자꾸만 내려앉았다. 어쩔 수 없이 경찰관이 여러 번 견인차에서 내려 다시 화물차를 들어 올려 가며 정비소까지 가야 했다. 지금도 그때 그 경찰관에게 고맙고 미안하다.

어쨌든 우리 온풍기가 좋다는 이야기가 계속 퍼져 나가면서 여러 지하철역으로부터 자기네 먼저 갖다 달라는 주문 전화가 쇄도했다. 나중에는 납품 수량이 100대를 넘어서자 서울 지하철이 아니라 조달청이 나서서 일괄구매 했다. 물론 이때도 다른 경쟁사가 없어 독점으로 낙찰받을 수 있었다.

나의 분깃을 지켜 주시는 하나님

밀려드는 온풍기 주문에 즐거운 비명을 지르고 있는데, 하루는 도박에 빠져 회사를 돌보지 않던 이전 직장의 사장이 나를 찾아왔다. 안 그래도 얼마 전 부도가 나서 사장이 채권자들을 피해 숨어다니고 있다는 이야기를 듣고 있었다.

"아이고, 사장님. 어쩐 일이세요?"

"김 사장님. 어려운 부탁이 있어서 염치 불고하고 찾아왔습니다. 소식을 들으셨겠지만 제가 지금 형편이 많이 어렵습니다. 그래서 말인데 올해만 저희 회사에 지하철 온풍기 입찰을 양보해 주실 수 없겠습니까? 제발 부탁드립니다."

과거 그의 행적을 보면 그 자리에서 거절할 수도 있었다. 하지만 재기해 보겠다며 도움을 청하는 모습이 불쌍해 보였다. 그런데 한 가지가 마음에 걸렸다.

"회사에 부도가 났다면 계약이행보증증권(수출업자나 건설회사 등이 맺은 계약에 대해 보증회사가 계약 이행을 보증하는 보험증권. 만약 수주자가 계약을 이행하지 않은 경우에는 보증금을 지급해야 한다. 금전 대출에 대한 지급 보증과 구별된다.)을 발행할 수 없을 텐데, 그래도 입찰하실 수 있겠어요?"

"그건 걱정 마세요. 계약이행보증금은 현금으로 낼 겁니다."

사장이 불쌍해 보이고 상황도 급박한 것 같아 이번에는 깨끗이 양보하고 우리도 한숨 돌려 보자는 생각이 들었다.

"그럼 올해만 지하철 온풍기 입찰을 사장님께 양보해 드릴게요. 이걸로 사업을 다시 일으킬 수 있기를 바랍니다."

입찰이 끝나고 한 달 정도 지났는데 서울 지하철 구매 담당자가 우리 공장에 찾아왔다.

"안녕하세요. 그런데 이 먼 곳까지 무슨 일이십니까?"

"올해에도 사장님 회사에서 전기 온풍기를 만들어 주셔야겠어요. 참 희한하네요. 일이 또 다시 여기로 돌아왔어요."

"네? 왜요? 올해에는 다른 회사에서 낙찰받았잖아요. 지금쯤이면 이미 납품을 완료했을 텐데요."

"그 회사에서 입찰보증금을 현금으로 냈는데 채권자들이 그 돈 내놓으라고 서울 지하철에 몰려와서 한바탕 난리가 났어요. 결국 계약은 취소되고 저희는 12월내에 구매집행을 하지 않으면 예산이 자동 삭감되어 온풍기 없이 겨울을 나야 하는 절박한 처지가 되었습니다. 그러니 이번에도 신우엔지니어링에서 온풍기를 만들어 주십시오."

그 말을 들으니 나도 희한하다는 생각이 들었다.

'분명 그 사장에게 독점 입찰을 양보해 주었는데 다시 내게 기회가 돌아오다니 이럴 수도 있구나. 하나님, 이건 또 무슨 뜻인가요?'

지하철 온풍기를 짧은 시간에 급히 만드느라 자재 구입이 어려웠지만, 지하철 측의 격려까지 받으며 그해에도 온풍기 납품을 성공적으로 마칠 수 있었다. 아무리 내 것처럼 보여도 주님이 주신 복은 사람 마음대로 주고받을 수 없다는 것을 이번 일을 통해 배울 수 있었다. 그래서 다윗은 시까지 지어 가며 하나님이 복을 주실 뿐 아니라 지켜 주시는 분이라고 고백하고 있다.

여호와는 나의 산업과 나의 잔의 소득이시니 나의 분깃을 지키시나이다 내게 줄로 재어 준 구역은 아름다운 곳에 있음이여

나의 기업이 실로 아름답도다(시 16:5-6)

'분깃'은 '제비뽑기를 통해 정당하게 나눠 받은 것'을 뜻한다. 그러니까 '나의 분깃'이라는 말은 '내 몫'이라는 뜻이 된다. 하나님이 내 몫을 챙겨 주실 뿐 아니라 누가 손대지 못하게 지켜 주신다는 것이다. 또한 '줄로 재어 준 구역'이라는 말은 줄로 재어 개인 소유의 땅이나 토지를 구분했던 풍습에서 유래된 표현으로, '감히 어느 누구도 침범할 수 없는 고유한 영역'을 뜻한다. 고대 중근동 지방에서는 토지의 경계를 표시하기 위해 지계석을 사용했는데, 그 위에는 경계선을 침범하는 자들이 받게 될 저주들이 조목조목 기록되어 있었다고 한다. 하나님이 우리에게 베푸시는 복과 아름다움은 아무도 건드릴 수 없고 누구도 건드려서는 안 된다는 사실을 비유적으로 표현한 것이다.

그렇다고 하나님이 특정한 사람을 편애해서 그에게만 복을 준다고 오해하지 않았으면 좋겠다. 하나님은 그분을 믿는 - 더 나아가 그분을 믿게 될 - 모든 사람에게 줄로 재어 구역을 나눠 주신다. 그 사장에게 "김학재의 온풍기 사업을 가로채지 마라!"라고 하시며 기회를 빼앗으신 것이 아니라는 말이다. 어려움에 처한 이를 돕는 것은 선하고 좋은 일이지만 그것은 하나님의 뜻이 아니었다. 지하철 공사의 전기 온풍기 입찰 건은 하나님이 내게 '줄로 재어 준' 나의 '분깃'이었다. 그리고 내게 나의 분깃이 있듯, 그 사장에게도 하나님이 베푸실 그의 분깃이 있는 것이다. 그것은 하나님이 그의 삶 가운데 베푸시는 것이지 내가 마음대로 '지계석을 옮겨서' 나눠 줄 수 있는 것이 아니었다.

자가 공장의 꿈을 이루다

주님의 은혜로 전기 온풍기 사업은 호황을 누리고 있었다. 하지만 당시 내가 갖고 있던 공장등록증이 3년 만기였기 때문에 온풍기를 관공소에 계속 납품하려면 공장 허가 지역으로 이전해야 했다. 우리가 있던 철재 종합상가는 철재만 판매하는 곳이라 공장등록 허가를 3년밖에 받을 수 없었다.

그때 정부에서 국책사업으로 시화 지역에 갯벌을 매립해서 대규모 공장단지를 짓는다는 소식이 들려왔다. 분양하는 날 현장에 참석해 보니 어마어마한 면적의 공장터 이곳저곳에서 공장 건설이 한창이었다. 이날 우리 공장은 대로변 500평 부지에 당첨되었다. 확신이 서지 않아 잠시 망설였지만 비교적 좋은 위치였기에 계약금을 내고 돌아왔다. 토지 대금을 다 내면 땅값이 오른다고 하니, 그때 다시 팔아 차익금으로 김포 쪽에 소규모 공장을 임대하려는 소박한(?) 속셈이었다.

당시 함께 일하는 하청업체 중에 거래처로부터 "일본 회사보다 기계를 더 잘 만든다."는 칭찬을 듣는 우정기공이라는 곳이 있었다. 그것은 모두 우정기공 우종옥 사장의 뛰어난 기술력 덕분이었다. 하루는 우종옥 사장이 나를 찾아왔다. 진우엔지니어링에서 시화공단 부지를 분양받았다는 소식을 듣고 온 것이었다. 그는 내게 예상치 않았던 제안을 내놓았다.

"김 사장님. 저와 토지 대금과 건축비를 공동 부담해서 시화공단에 함께 공장을 지어 보면 어떻겠습니까?"

공장을 지을 자신이 없어 땅값 차익금만 노리고 있던 나와 달리 우 사장은 자가 공장을 간절히 원하고 있었다. 우 사장에게 생각할 시간을 달라고 한 뒤 하나님께 기도하기 시작했다. 기도하는 중에 내가 너무 작은 꿈을 꾸고 있어서 하나님이 더 큰 꿈을 품으라고 우 사장을 보내 주신 것 같다는 감동이 생겨 그렇게 하기로 약속했다. 구체적인 논의를 거쳐 진우엔지니어링은 250평, 우정기공은 100평 규모의 공장을 짓기로 결정하고 곧장 설계에 들어갔다.

당시 서울 지하철 1호선과 2호선, 도시철도 역사의 역무실, 통신실, 운전 취침실 같은 부속실마다 우리 회사 제품이 들어가 있을 정도로 온풍기 사업이 잘되고 있어서 공장을 짓기에 적합한 시기였다. 만일 이때 공장을 짓지 않았다면 아직까지도 임대 공장을 전전하고 있었을 것이다. 그리고 하나님이 붙여 주신 좋은 협력자 우종옥 사장의 수고도 잊을 수 없다. 자금이 없어 자가 공장은 생각도 못하던 내게 용기를 주고 자금 부담을 덜어준 그는, 법 없이도 살 수 있을 정도로 착한 심성을 가진 사람이었다. 지금도 그분이 자주 생각나곤 한다.

하지만 공장의 윤곽이 드러나기 시작할 즈음 문제가 터졌다. 공사 대금까지 미리 주면서 - 친구가 제시한 공사 금액에 그의 수고비 2,000만 원까지 더해서 - 고등학교 동창에게 공장 건설을 맡겼는데, 공사 도중에 갑자기 복막염에 걸려 병원에 입원하고 말았다. 그런데 병원에 가보니 현장에서 일을 하고 있어야 할 반장들과 십장들이 심각한 표정으로 그곳에 와 앉아 있었다. 친구의 입원 소식을 듣자마자 공사비를 받지 못할까 봐 몰려온 것이었다. 그들은 나 들으라며 "김 사장이 돈 안 주고 죽으면 진우 사장도 죽인다!"고 큰소리로 엄포를 놓았다.

알고 보니 내 친구의 일처리에 문제가 많았다. 계약서도 작성하지 않은 채 하청업체에 일을 시킨 것은 물론 아직 짓지도 않은 건물의 일부를 자기 마음대로 전세를 주고 계약금을 꿀꺽해 버린 것이다. 그런 짓을 해놓고는 수술 때문에 아무 말도 할 수 없다며 뻔뻔하게 입을 꾹 다물고 있었다. 나 역시 아무것도 모른 채 준공만 기다리고 있다가 믿었던 친구의 농간에 휘말리고 말았다.

그렇다고 공사를 중단할 수는 없는 노릇이라 직접 현장의 각 부서장들과 만나 대화를 시도했다. "공사 대금은 공장을 담보로 해서라도 지불할 테니 공사는 계속 진행합시다."라고 설득한 끝에 각 부서장들과 계약서를 새로 쓰고 내가 진두지휘해서 공사를 마무리했다. 다행히 온풍기 사업이 잘된 덕분에 큰 어려움 없이 공사를 마칠 수 있었다.

공사와 관련된 모든 대금을 지불하고 정산을 해보니 신기하게도 빚이 거의 없었다. 정말 놀라운 일이었다. '이 공사도 하나님께서 함께해 주셨기에 가능했구나'라는 생각이 드는 순간, 오래전 거래처의 출납계 앞에서 벽을 붙잡고 했던 기도가 생각났다. 하나님이 정말로 내 작은 – 나 자신도 잊고 있었던 – 기도에 응답하셨다는 사실이 너무 놀라웠다. 덕분에 여의도순복음교회 조용기 담임목사님을 모시고 더욱 뜨거운 감격 속에 준공식을 하나님께 드릴 수 있었다. 진우엔지니어링과 우정기공 모두 그토록 열망하던 멋진 자가 공장을 갖게 된 것이다!

남을 도울 수 있는 것도 복이라

그로부터 2년 정도 지난 어느 날, 우정기공 우종옥 사장이 어두운 낯빛으로 찾아왔다.

"김 사장님. 사정이 생겨서 찾아왔어요."

법 없이도 살 수 있는 착한 분이 무슨 일 때문에 이러시나 싶어 걱정이 되었다.

"무슨 일인데 그러세요?"

차마 입을 열지 못하고 뜸을 들이던 그가 드디어 말을 꺼냈다.

"공장을 지을 때 투자한 돈이 사실은 내가 보관하던 우리 집안의 종가 돈이었어요. 따로 사용할 데가 있는 돈이 아니어서 안심하고 공장에 투자한 건데, 이번에 그걸 돌려줘야 할 상황이 생겼습니다. 그런데 마침 두 차례나 부도를 맞는 바람에 형편이 너무 어려워서요. 염치 불고하고 공사비로 내놓은 돈을 돌려 달라고 부탁드리러 왔습니다. 정말 죄송해요. 사장님."

워낙 양심적인 사람이라 종손으로서의 책임감과 나에 대한 미안함으로 어쩔 줄 몰라 하는 게 보였다.

나도 어떤 방법으로든 그 돈을 돌려주고 싶었다.

"종가의 돈은 조상 것이니 당연히 갚으셔야죠. 조금만 기다려주세요. 어떻게든 마련해 볼게요."

우 사장은 그제야 조금 편해진 얼굴로 돌아갔다.

살다 보면 누구에게나 어려움이 찾아온다. 곁에 있는 누군가가 그런 상황에 있을 때 도울 수 있다면 그 또한 복된 일일 것이다. 왜냐하면 하나님이 남의 고통과 아픔에 공감하시는 분이기 때문이다.

하나님은 모세를 따라 애굽에서 빠져나온 이스라엘 백성에게 나그네들을 괴롭히지 말고 그들에게 잘해 주라고 말씀하셨다.

너희는 나그네를 사랑하라 전에 너희도 애굽 땅에서 나그네 되었음이니라(신 10:19)

나그네는 어떤 사람인가? 흔히 여행자와 비슷한 의미로 생각하기 쉽지만 나그네는 여행자와 완전히 다른 존재다. 왜 그럴까? 여행자에게는 목적지가 있다. 목적지까지 가는데 오랜 시간이 걸릴 수도 있지만 어쨌든 여행자에게는 가야 할 곳이 있다. 나아갈 방향이 있고 그에 대한 계획도 세울 수 있다. 한마디로 미래가 있다. 하지만 나그네는 갈 곳이 없는 사람이다. 어디로 가야 할지, 앞으로 무엇을 해야 할지도 모른다. 아무 계획 없이 발길 닿는 대로 걷다가 먹을 것이 생기면 먹고 그렇지 않으면 굶고, 재워 주는 사람이 있으면 자고 그렇지 않으면 노숙을 한다. 그에게는 미래가 없다.

그런데 하나님은 이스라엘 백성에게 그들도 애굽에서 나그네처럼 살았다고 말씀하신다. 이스라엘 백성은 애굽에서 노예로 살았다. 가라고 하면 가고 오라고 하면 오고, 음식을 주면 먹고 주지 않으면 굶고, 때리면 맞고, 시키면 시키는 대로 해야 했다. 심지어 이스라엘 인구가 늘어나는 것을 두려워한 애굽인들이 자기들의 어린 아들들을 학살할 때도 꼼짝없이 당해야만 했다. 그들도 애굽에서 미래가 없는 나그네였다.

이스라엘 백성은 나그네 설움을 뼈저리게 알고 있었다. 그래서 누구보다 나그네의 마음에 공감할 수 있는 사람들이었다. 하나님은 그것을 잘 알고 계셨다. 아무도 신경 쓰지 않는 이스라엘의 고통을 돌아보고 함께 아파한 분이기 때문이다.

여러 해 후에 애굽 왕은 죽었고 이스라엘 자손은 고된 노동으로 말미암아 탄식하며 부르짖으니 그 고된 노동으로 말미암아 부르짖는 소리가 하나님께 상달된지라 하나님이 그들의 고통 소리를 들으시고 하나님이 아브라함과 이삭과 야곱에게 세운 그의 언약을 기억하사 하나님이 이스라엘 자손을 돌보셨고 하나님이 그들을 기억하셨더라(출 2:23-25)

하나님은 이스라엘 백성이 애굽에서 겪은 고통을 아셨다. 나그네였던 그들의 고통에 공감하셨다.

우리 하나님이 그런 분이기에 가난한 시절을 겪어 본 사람은 가난한 자들의 고통에 공감해야 한다. 직장을 잃어 본 사람은 실직 상태에 있는 이들의 마음을 헤아려야 한다. 실패와 절망을 겪어 본 사람은 어려움과 고난 중에 있는 이들과 함께 울어야 한다. 하나님은 공감하시는 분이다. 이것이 우리가 다른 사람을 도와야 할 이유다. 살아 계신 하나님이 우리의 고통과 아픔에 공감하시는 놀라운 은혜를 받았기 때문이다.

그동안 우 사장이 공장 건설에 투자한 비용을 계산해 보니 감사하게도 온풍기 사업으로 벌어들인 수입과 엇비슷했다. 우 사장이 요청한 금액을 돌려줄 수 있는 금액이 통장에 남아 있었다. 그에게 돈을 돌려주었더니 그다음 달부터 임대료로 200만 원씩 내겠다고 했다. 역시 우 사장다웠다. 아무리 쪼들려도 마땅히 해야 할 일은 다 하는 사람이었다. 기술력도 뛰어나고 성실한 분이니 손해 본 것을 금방 만회할 수 있을 거라는 신뢰가 생겼다. 비록 종교는 다르지만 우 사장 같은 사람이라면 계속해서 함께 지내고 싶다.

시화 외국인교회의 시작
부족함을 채워 주신 하나님
교회 버스까지 운전하다
오직 빚진 자의 심정으로
예배 중에 일어난 치유의 역사
잃어버린 지갑이 돌아오다
끝은 또 다른 시작으로 이어지고

CHAPTER 4

우리 모일 때 그분이 행하신 일

• CHAPTER 4 •

우리 모일 때
그분이 행하신 일

시화 외국인교회의 시작

2000년 어느 뜨거운 여름날이었다. 당시 시화공단에는 일자리를 찾아 이 땅에 온 2만여 명의 외국인 노동자들이 열심히 일하고 있었다. 그들을 바라볼 때마다 어김없이 내 마음을 두드리는 소리가 있었다.

'이들의 영혼을 구원하는 사역은 누가 어떻게 해야 하나?'

기도하던 중에 외국인 사역의 필요성을 적어 여의도순복음교회로 공문을 보냈더니, 조용기 목사님이 그곳을 선교지 삼아 주셔서 교역자를 파견해 주셨다. 그때 처음 만난 분이 김형근 전도사님(현 교회성장연구소 본부장)이다. 이분은 뜨거운 열정으로 외국인 선

시화 외국인교회 초창기 예배실 전경.

교사역에 임할 뿐 아니라, 언제 어디서나 사랑으로 외국인들에게 다가가시곤 했다.

그러나 막상 사역 승인을 받고 나니 하나둘 걱정이 생기기 시작했다. 예배부터 시작해서 식사나 차량 같은 현실적인 문제들을 어떻게 감당해야 할지 막막했다.

'해야 할 일은 많은데 나 혼자 이걸 어떻게 다 하지?'

하지만 그것은 모두 기우였다. 본 교회에 요청한 적도 없는데 시화공단에서 외국인 예배를 시작한다는 소문을 들은 많은 성도들이 자원봉사를 하고 싶다며 제 발로 찾아온 것이다. 대부분 당시 김형근 전도사님이 사역하시던 '선데이스쿨(SUNDAY SCHOOL)' 에서 공부하는 분들이었다. 이것은 하나님께서 누구보다 시화 외

필리핀 형제들이 현지 목사님을 모시고 예배드리는 장소로 사용했던 3층 다락방

국인교회를 간절히 원하고 계심을 보여 주는 증거였다. 하나님께서 붙여 주신 자원봉사자들이 없이 나 혼자 그 많은 외국인 노동자들을 섬기는 것은 불가능한 일이었다.

제일 먼저 착수한 것은 예배 세팅이었다. 외국인 노동자들의 예배이기 때문에 무엇보다 다중언어 서비스가 필요했다. 그래서 담임목사님의 설교를 우리말과 영어, 중국어 통역으로 동시에 들을 수 있는 예배실을 각각 마련한 뒤, 다른 지성전에서 하듯 위성을 통해 여의도순복음교회 예배 영상을 생중계하기로 했다.

설비 공사를 마치자마자 우리는 곧바로 외국인 노동자들을 초청하여 예배를 시작했다. 드디어 시화 외국인교회가 시작된 것이다.

부족함을 채워 주신 하나님

위성을 통한 예배 생중계는 아무 어려움 없이 원활하게 이루어졌다. 하지만 영어 예배실 쪽에 어려움이 있었다. 매주 이곳에서 120명 정도 되는 외국인 노동자들이 예배를 드렸는데, 공간에 맞지 않게 27인치 소형 TV를 모니터로 사용하고 있었다. 화면이 작다 보니 예배에 집중하기 어려워서 아무래도 분위기가 좋지 않았다. 마음 같아서는 당장 더 큰 것으로 바꿔 주고 싶었지만 교회 측도, 나도 사정이 여의치 않아 안타까울 뿐이었다.

그러던 어느 주일날, 예배를 마친 외국인들이 식사하러 간 사이 영어 예배실에서 잠시 쉬고 있는데 웬 남자가 불쑥 들어왔다.

"어떻게 오셨는지요?"

"저는 여의도순복음교회 김제현 안수집사인데요. 이재오 전도사님이 이곳에 도와 드릴 일이 없는지 가보라고 해서 찾아왔습니다. 그런데 여기에서는 뭘 하시나요?"

"네. 이곳은 시화 외국인교회입니다."

"아, 그렇군요. 그런데 혹시 지금 이 방에 뭔가 필요한 게 있지 않으세요?"

나는 깜짝 놀라 물었다.

"네. 있습니다. 그런데 집사님은 그 사실을 어떻게 아셨어요?"

"기도하는 중에 알았죠. 뭐. 그건 별로 중요한 게 아니고요. 필

시화공단 2과 516호 3층에 철골재로 증설하여 외국인교회 예배실을 만드는 과정. 외벽 계단으로 대형 TV가 이송되기도 했다.

요하신 게 뭔가요?"

"네. 이곳에서 여의도순복음교회 위성 예배를 드리고 있는데요. 보시다시피 27인치 소형 TV를 모니터로 사용하고 있어서 예배 드리는 데 애로사항이 많습니다. 그래서 기도하고 있는 중이었습니다."

그는 짧게 "아, 그래요."라는 말만 남기고 휙 나가 버렸다. 나는 속으로 '별 싱거운 사람 다 봤네.' 생각하며 그와의 대화를 잊어버렸다.

다음 날 아침, 영어 예배실 쪽 좁은 철 계단으로 여섯 사람이 커다란 상자를 힘겹게 들고 올라가고 있는 모습을 보게 되었다. 무슨 일인가 궁금해서 그들에게 물었다.

야외예배 후 언어는 다르지만 함께 한국의 봄을 만끽했다.

"어디서 오셨나요?"

"네. 삼성전자에서 나왔는데요. TV를 배달하러 왔습니다."

"네? 우리는 그런 것 주문한 적이 없는데요. 누가 보낸 건가요?"

"저희는 배달하는 사람들이라 그런 건 모릅니다. 얼른 설치해 드릴 테니 조금만 기다려 주세요."

도대체 무슨 일인가 어리둥절해 하다가 어제 찾아왔던 김 집사님이 생각났다.

덕분에 영어 예배실의 분위기가 완전히 달라졌다. 다들 58인치 대형 TV에 한 번 놀라고, 그 TV가 오게 된 사연에 또 한 번 놀랐다. 외국인 형제들이 가장 기뻐하고 좋아했지만 이 사건(?)은 자신을

CHAPTER 4_ 우리 모일 때 그분이 행하신 일 • 125

밝히지 않고 은혜를 베푼 이에게도 큰 복으로 돌아갔을 줄 믿는다.

"하나님, 감사합니다."

교회 버스까지 운전하다

그 시절 내가 시화 외국인교회에서 감당하던 사역 중에는 외국인 노동자를 위한 셔틀버스 운행도 있었다. 주일이 되면 본 교회에서 내준 20인승 버스를 몰고 공장 단지 구석구석을 돌며 외국인들을 모으러 다녔다. 사실 당시 나는 셔틀버스를 몰 수 없는 상황이었지만, 나 말고는 할 사람이 없어서 늘 조마조마한 마음으로 운행해야 했다. 그렇게 된 데에는 안타까운 사연이 있다.

우리 공장에 방글라데시 출신의 니본이라는 직원이 있었는데, 그는 외국인예배의 '열성 참석자'였다. 마침 그에게 국제운전면허가 있어서 셔틀 운행을 부탁했더니 기꺼이 도와주겠다고 했다. 그렇게 교회 버스를 운전하면서 니본은 조금씩 예배에 참석하는 외국인들에게 낯익은 얼굴이 되어 갔다.

그러던 어느 주일날, 예배를 마치고 다함께 점심식사를 하고 있는데 니본이 마이크를 들고 이런 안내방송(?)을 했.

"여러분, 우리 사장님이 여러분 위해 좋은 일 많이 하는 것 잘 아시죠? 그러니까 다음 주에도 친구들 많이 데리고 와요. 알았죠?"

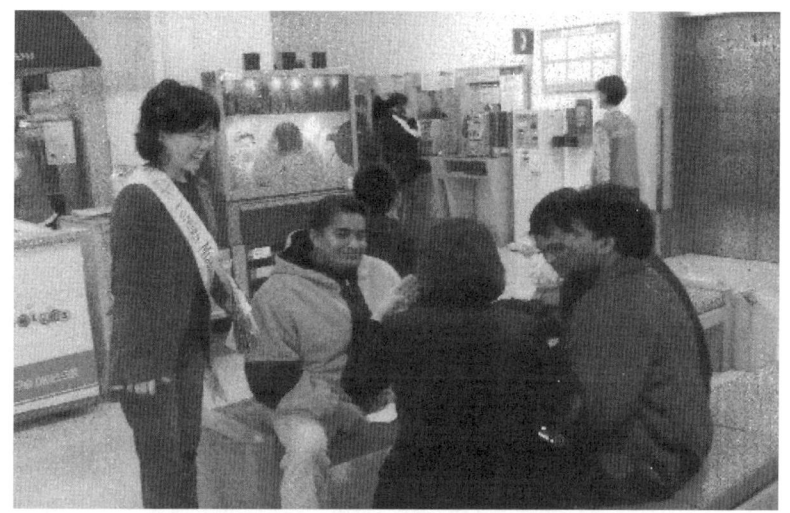

시화공단 내에 있는 LG마트에서 쇼핑 나온 외국인들에게 복음을 전하고 있다.

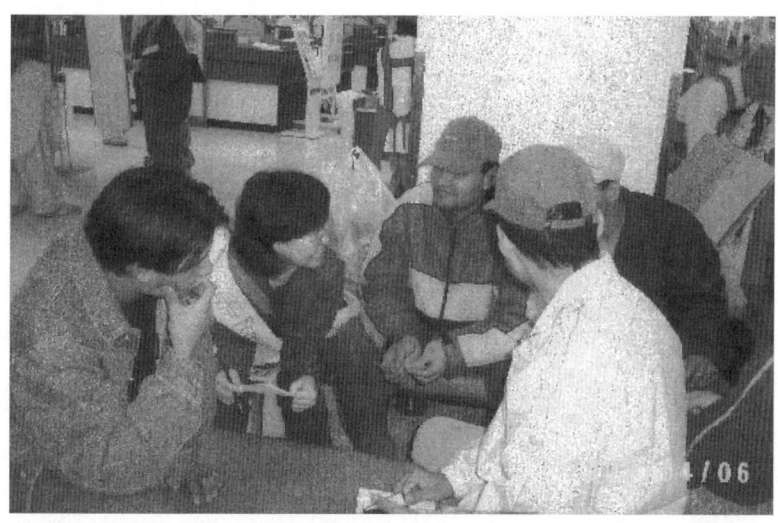

한 생명의 소중함을 알고 외국인 형제들에게 집회 시간을 알려 주며 복음을 전하고 있는 모습.

열심히 기도하는 외국인 형제들의 모습.

자기 딴에는 나를 돕고 싶은 마음에 무대(?)에 나선 것이었는데, 이것이 그에게 큰 문제가 될 줄은 꿈에도 생각하지 못했다.

며칠 후 니본이 나를 찾아와 울먹이며 이렇게 말했다.

"사장님. 나 이제 이 회사 나가야 돼요. 미안해요."

"니본. 갑자기 그게 무슨 소리야?"

알고 보니 지난 주일날 교회에서 "친구들 많이 데려오라"고 광고한 것을 누군가가 방글라데시에 있는 니본의 외삼촌에게 고자질한 모양이었다.

"내가 한국에서 기독교로 개종해서 교회 전도사가 됐다고 했나 봐요. 그래서 외삼촌이 나한테 빨리 귀국하래요. 나 이대로 방글라데시 가면(개종한 것 때문에) 죽어요. 그래서 내일부터 인천의 다른 회사로 가요. 정말 미안해요."

"니본. 그렇다고 회사까지 그만둘 필요는 없잖아. 우리 이렇게 하자. 다음 주일부터는 아무것도 하지 말고 예배만 드려. 다른 친구들 전도하는 것도 그만두고."

울며불며 떠나겠다고 난리치는 그를 가까스로 붙잡아 앉혔다. 그리고 셔틀버스 운행 때문에 사람들에게 얼굴이 알려진 것도 이번 일에 한몫했을 것 같다는 생각이 들어 그 일도 당장 그만두게 했다.

하지만 당장 이번 주일부터 셔틀버스를 몰고 다닐 운전사가 없었다. 그러니 내가 운전대를 잡을 수밖에. 그렇게 나는 매주 '예배자 수송 대작전'을 벌여야 했다. 버스를 몰고 나올 때마다 내 입에서 간절한 기도가 자동으로 흘러나왔다. 기도의 내용은 두 가지였다. 첫 번째는 교통경찰의 눈에 안 띄게 해달라는 것. 그리고 두 번째는 오늘도 버스가 아무 고장 없이 정상 운행할 수 있게 해달라는 것. 당시 사용하던 버스가 원래는 파천교에서 성도들을 수송하던 여의도순복음교회 차량이었는데, 언제 멈춘다 해도 이상하지 않을 만큼 오래되고 낡은 상태였기 때문이다. 위험한 짓 아니냐고 비난할 사람도 있겠지만, 당시 나는 '한 영혼도 놓치지 않고 하나님 앞으로 인도하겠다.'는 열정 때문에 도저히 셔틀 운행을 포기할 수 없었다.

하지만 셔틀을 이용하는 외국인 예배자들은 그런 내 심정도 모르고 자기 편한 대로 행동했다. 여의도순복음교회에서는 주일 오

시화공단 2과 516호 3층 옥상을 증축하여 예배당을 만들고 예배를 드리고 있는 외국인 형제들.

전 11시 정각에 예배를 시작한다. 1분 1초도 어김이 없다. 우리 시화 외국인교회도 실시간 위성중계를 통해 그 예배에 함께하는 것이다. 그러니 셔틀 운전자인 나도 어떻게든 예배가 시작되기 전에 도착하려고 최선을 다해야 했다. 그렇지만 당시 예배에 참석하는 외국인들은 "시간 약속을 지켜야 한다"는 개념이 없는 친구들이 대부분이었다. 나는 예배 시간이 다가와서 속이 타는데 그들은 자기 볼일 다 보며 여유 있게 걸어 나오곤 했다. 그 모습을 버스 백미러로 볼 때마다 얼마나 답답했는지 모른다.

사실 따지고 보면 이 정도는 고충이라고 할 수도 없는 것이다. 당시 외국인교회를 섬기는 일은 내가 생각했던 것보다 훨씬 더 어렵고 힘든 사역이었다.

여의도순복음교회 '남선교회 전도실'에서 땅 밟기를 마치고 외국인 형제들에게 기도해 주는 120명의 집사들.

오직 빚진 자의 심정으로

　모든 직업이 그렇겠지만 공장을 운영한다는 것 역시 아주 고된 일이다. 월요일부터 토요일까지 아침 일찍 일어나 저녁 늦게까지 열심히 일해야 한다. 하지만 외국인교회 때문에 우리 부부에게는 주말조차 여유롭지 못했다.

　토요일이 되면 아내는 주일 예배 후 외국인들과 나눌 점심식사를 위해 장을 보고 이것저것 준비한다. 그리고 주일이 되면 우리 부부는 평소보다 더 일찍 일어나 전날 챙겨 놓은 식재료들을 차에 가득 싣고 여의도에서 시화공단까지 달려간다. 예배 장소에 도착하자마자 나는 예배 준비를, 아내는 점심식사 준비를 서둘러 시작

식사 전에 감사기도를 하는 형제들.

한다. 주말마다 이런 일을 반복하느라 몸은 고단했지만 그래도 즐겁고 보람이 있었다. 정말로 우리를 낙심하게 한 것은 일이 아니라 사람이었다.

시간이 가면서 시화 외국인교회는 단순한 예배 처소를 넘어 쉼을 제공하는 공간이자 직장을 잃은 친구들에게 일자리를 알선해 주는 자리, 그리고 불법 이민자들을 숨겨 주는 은신처의 역할까지 감당하기 시작했다. 덕분에 이곳에서 많은 외국인 친구들을 만날 수 있었는데, 대부분 착하고 선량한 사람들이었다. 물론 개중에는 그렇지 않은 사람도 있었다.

어렵사리 취직을 시켜 주면 계속 불량품만 만들고, 그것 때문에 사장이 잔소리를 하면 듣기 싫다며 불만을 터뜨리던 외국인 친구가

외국인 형제들과 함께 영흥도에 있는 한 해수욕장에서 즐거운 시간을 보냈다.

있었다. 소개를 통해 겨우 회사를 옮겼지만 오래 견디지 못하고 뛰쳐나와 다시 일자리를 알아봐 달라고 생떼를 쓰는 뻔뻔하고 염치없는 사람이었다. 내가 자기를 상대해 주지 않자 나중에는 교회에 새로 나온 외국인에게 다가가 이런 엉뚱한 소리를 하기도 했다.

"여기 오지 말아요. 여기보다 훨씬 더 외국인을 잘 대우해 주는 교회가 많으니까 다음 주부터는 여기 오지 말고 그리 가세요."

시화 외국인교회는 외국인 노동자 한 사람 한 사람의 영혼 구원을 위해 함께 예배하며 공동체로 살아가는 하나님의 사역이었다. 분명 자신들을 위한 일인데도 이기적인 욕심과 개인적인 반감으로 사역을 훼방하고 나서는 이들 때문에 속이 상하고 마음 아픈 적이 많았다. 주일날 쉬지도 못하고 먼 곳까지 와서 섬기는 우리 같은 사람에게는 정말 맥 빠지는 일이었다.

'어떻게 우리한테 이럴 수 있지? 우리가 자기의 영혼 구원을 위해 얼마나 애쓰며 고생하고 있는데!'

배은망덕하다는 생각과 함께 화가 났다. 이런 사람까지 사랑으로 거두고 품는 데는 많은 인내가 필요했다. 그 비결은 하나님 앞에서 내가 누구인지 돌아보는 것이었다.

사도 바울은 이천 년 기독교 역사상 가장 위대한 인물 중 한 사람이다. 율법을 완벽하게 준수하던 정통 유대인이었지만 자신의 모든 것을 버리고 최초의 이방인 선교사가 되었고, 극한의 고생을 겪으며 땅끝까지 복음을 전하라는 그리스도의 명령에 충성하다가 순교자가 되었다. 그런데 이상하게도 그는 늘 스스로를 '죄인 중의 괴수'와 '빚진 자'로 여겼다.

> 미쁘다 모든 사람이 받을 만한 이 말이여 그리스도 예수께서 죄인을 구원하시려고 세상에 임하셨다 하였도다 죄인 중에 내가 괴수니라(딤전 1:15)

> 헬라인이나 야만인이나 지혜 있는 자나 어리석은 자에게 다 내가 빚진 자라(롬 1:14)

바울은 당시 가장 융성했던 그리스 문화의 영향을 받은 교양인이자 문명인이었다. 그런데도 그는 미개인이나 무식한 사람들까지 채무자의 심정으로 대했다. 무슨 이유에서 그런 것일까?

사울 - 사도 바울의 본명 - 은 이천 년 기독교 역사상 가장 위대한 인물 중 한 사람인 동시에 이천 년 기독교 역사상 가장 극악무도한 짓을 저지른 박해자였다. 그는 하나님을 대적했고 자청해서 사탄의 앞잡이 노릇을 했다. 악당도 그런 악당은 없었을 것이다. 예수님을 신성모독죄를 범한 엄청난 이단의 우두머리로 오해하고 율법을 지키던 열심으로 초대교회를 죽어라 핍박했다. 그런 이단을 믿고 따르는 자들도 전부 미쳤다고 생각했기 때문이다. 그래서 초대교회 핍박을 하나님이 기뻐하신다고 믿으며 그들을 없애 버리는 것이 자신의 사명이라고 여겼다.

> 사울이 교회를 잔멸할새 각 집에 들어가 남녀를 끌어다가 옥에 넘기니라 (행 8:3)

여기서 '잔멸하다'는 단어는 원래 성난 멧돼지가 포도원을 쑥대밭으로 만드는 모습을 묘사할 때 사용하는 말이라고 한다. 그가 얼마나 잔인하고 난폭하게 초대교회를 짓밟았는지 단적으로 보여 주는 표현이다. 교회를 없애기 위해 말 그대로 수단과 방법을 가리지 않은 것이다. 하지만 그의 '열정'은 여기서 끝나지 않았다.

"천국도 있고, 지옥도 있어요. 예수님 믿고 함께 천국 갑시다!"

사울이 주의 제자들에 대하여 여전히 위협과 살기가 등등하여 대제사장에게 가서 다메섹 여러 회당에 가져갈 공문을 청하니 이는 만일 그 도를 따르는 사람을 만나면 남녀를 막론하고 결박하여 예루살렘으로 잡아오려 함이라(행 9:1-2)

다른 지역으로 도망친 그리스도인들을 잡으러 예루살렘에서 240킬로미터나 떨어진 다메섹으로 가겠다고 자청한 것이다. 한 마디로 그는 예수 믿는 사람 잡아 죽이는 데 '미쳐' 있었다. 자신의 신념과 성공을 위해 인간이 인간을 어떻게 대해야 하는지에 대한 최소한의 원칙마저 무시해 버린 것이다. 정말 엄청난 죄인이요, 악당 아닌가!

그런데 이런 사람이 어떻게 선교사가 되어 예수 그리스도의 복음을 전할 수 있을까? 다른 사람은 몰라도 하나님이 사울만큼은 쓰시면 안 되는 것 아닐까?

하지만 주님은 사울을 부르셨다. 그의 어떠함 때문이 아니라 그분의 뜻에 따라. 말 그대로 은혜였다. 사도 바울이 이런 고백을 한 것은 모두 이 은혜 때문이다.

> 그러나 내가 나 된 것은 하나님의 은혜로 된 것이니 내게 주신 그의 은혜가 헛되지 아니하여 내가 모든 사도보다 더 많이 수고하였으나 내가 한 것이 아니요 오직 나와 함께 하신 하나님의 은혜로라(고전 15:10)

주님을 만나는 순간, 비로소 그는 자기 모습을 직면하게 되었을 것이다. 자신이 하나님과 믿음의 사람들에게 얼마나 큰 죄를 저질렀는지 깨달은 것이다. 그래서 사울은 지금까지 그가 자랑하고 추구했던 모든 것을 쓰레기와 오물처럼 내버린다. 그리고 지금까지 자신이 저지른 - 무슨 짓을 해도 결코 갚을 수 없는 - 죗값을 갚기 위해 예수 그리스도에게 삶을 드린다. 지옥의 영원 형벌을 받아야 할 죄인 중의 괴수인 자신에게 은혜를 베푸시고 회개할 기회를 주신 주님께 말이다. 그래서 사울은 단 한 번도 복음 전하는 것을 후회하거나 망설이지 않았고, 그리스도를 위해 치러야 하는 어떤 대가도 즉시 기쁘게 지불하며 살았다. 그는 하나님과 사람들 앞에서 자신이 얼마나 큰 빚을 지고 있는 사람인지 알고 있었던 것이다.

그러고 보니 나도 빚진 자다. 나도 사울처럼 내 인생의 주인으로 살아 보겠다며 교만을 떨던 사람이다. 예수 그리스도의 복음 대신 이 땅의 보이는 것을 추구하며 한껏 욕심만 부리던 죄인이다. 그분의 전적인 은혜가 아니었다면 결코 여기까지 올 수 없었을 무능하고 무력한 존재다. 내가 앞에서 이야기했던 외국인 친구에게 다시 손을 내밀어야 하는 까닭도 바로 이것이었다. 나는 빚진 자였다. 하나님께 은혜의 빚을 지고 그분을 알지 못하는 잃어버린 영혼들에게는 복음의 빚을 진 사람이었다.

예배 중에 일어난 치유의 역사

시화 외국인교회를 시작하게 하신 하나님은 이곳에서 그저 예배만 받지 않으셨다. 머나먼 타향에서 이런저런 일로 몸과 마음이 상하고 아픈 이들을 이곳으로 부르셔서 놀라운 일들을 많이 행하셨다. 그중에서 몇 가지만 여기 소개하고자 한다.

어느 주일날, 나이지리아 출신의 데이비드라는 친구가 새로 교회에 나왔다. 얼굴이 백지장처럼 하얗고 몸에 힘이 없는 것이 아무래도 병에 걸린 것 같았다. 그리고 얼마 후 주일 예배를 마치고 점심식사를 하려는데 식사기도를 하고 있는 데이비드의 모습이 눈에 띄었다.

그의 앞에는 냉면 그릇으로 밥을 가득 퍼 담은 듯한 식판이 놓여 있었다. 한 끼 식사 치고는 밥의 양이 꽤 많아 보였다. '평소 회사에서 주는 밥의 양이 적어서 그러나?' 생각하고 있는데 갑자기 그가 밥그릇 위로 닭똥 같은 눈물을 뚝뚝 흘리기 시작했다. 무슨 일이 있나 싶어 식판을 들고 데이비드 앞에 앉았다. 한참을 기도하고 나서 데이비드가 눈을 뜨자 왜 무슨 일이 있어서 그러냐고 물었다.

"엘더 킴. 내가 나이지리아에서 한국으로 올 때부터 병이 있었어요. 조금만 과식을 해도 배탈이 나는 병이었죠. 그래서 어쩔 수 없이 식사량을 줄였는데 이번에는 몸에 힘이 없는 거예요. 힘이 없으니까 공장에서 일을 많이 할 수도 없고, 결국 돈을 조금밖에 못 벌었어요."

"그런데 지난 주일 예배 시간에 조용기 목사님이 설교하시는데 갑자기 배가 너무 아프기 시작했어요. 도저히 참을 수가 없어서 예배 중간에 밖에 나와 화장실에 갔어요. 변기에 앉자마자 와르르 쏟아지는데 전부 핏덩이인 거예요. 너무 놀라서 여기서 죽나 보다 싶었는데 이상한 일이 생겼어요."

"예배실로 다시 돌아왔는데 별안간 몸에 힘이 생기고 무진장 식욕이 돋기 시작했어요. 지금은 이렇게 밥을 많이 먹어도 전혀 배가 아프지 않아요. 너무 신기하고 놀라워요! 정말 감사해요! 내 병을 고쳐 주신 하나님 감사합니다(Thank you God for healing my disease)!"

그러면서 맛나게 식사하는 데이비드를 바라보며 나도 너무 기뻤다. 가만히 보니 이제는 그의 얼굴에 힘이 있고 광채까지 나는 것 같았다.

그 뒤로 데이비드는 찬양팀에 들어가 예배 전 찬양을 섬겼는데, 앞에 나와 찬양하는 그의 모습을 보고 종종 사람들이 이런 말을 하곤 했다.

"저 사람은 표정이 밝아서 그런지 얼굴에서 빛이 나는 것 같아요."

사람이 진정으로 감사하게 되면 데이비드처럼 얼굴이 변하고 빛이 나는 모양이다.

일을 잘해서 회사에서 인정받고 교회 봉사도 열심히 하던 그가 어느 날 나를 찾아왔다.

"엘더 킴. 나 의정부에 좋은 일자리가 생겨서 내일 떠나요."

"그럼 이제 우리 교회에 못 나오겠네."

"아니요. 일요일에는 이리로 올 거예요."

그러더니 정말로 다음 주일 예배에 데이비드가 참석했다. 의정부에서 시화공단까지 세 시간이나 걸렸지만 그래도 예배드리러 왔다며 내게 자랑스럽게 말하던 그의 밝은 표정이 눈앞에 선하다. 다시 의정부로 돌아갈 때도 그는 변함없이 기쁜 얼굴이었다. 하지만 매주

나이지리아인 데이비드(왼쪽에서 두 번째)는 기적을 체험한 후 얼굴에 웃음이 떠나지 않았다.

의정부에서 이곳까지 먼 길을 왕복하도록 놔두는 건 지나친 내 욕심 같아 데이비드에게 의정부 쪽에 있는 외국인교회를 알려 주었다.

"이제부터는 그 교회에서 예배드려. 주일마다 그 장거리를 오고가는 건 무리야."

데이비드는 내 권면을 받아들여 숙소 근처로 교회를 옮겼다. 하지만 이따금 예배드리러 우리를 찾아오곤 했다.

잃어버린 지갑이 돌아오다

나이지리아에서 온 다니엘이란 친구가 있었다. 그는 평소에는 잘 안 보이다가 큰 행사가 있거나 선물을 주는 날이면 어김없이 교회에 나타났다. 그러던 그가 어느 주일날 불쑥 나를 찾아왔는데 표정이 좋지 않았다.

"다니엘. 반가워. 그런데 무슨 일 있어?"

그가 다급한 목소리로 사정을 털어놓았다.

"엘더 킴. 지난주에 내가 집에 가져가려고 삼 년 동안 번 돈 전부를 미국 달러로 바꿨어요. 그 돈을 지갑에 넣어 뒀는데 그만 버스에서 통째로 잃어버렸어요. 난 이 돈이 꼭 있어야 돼요. 돈 찾기 전에는 귀국도 못 해요."

큰돈을 잃어버리고 당황해서 교회에 도움을 청하러 온 것이었다.

"엘더 킴. 교회에 가면 하나님이 돈을 찾아 줄지도 모른다고 해서 왔어요. 예배도 드렸으니 내 돈 좀 찾아 줘요. 빨리요."

그래도 이들이 우리 교회를 의지할 수 있는 곳으로 여긴다는 사실이 기뻤다.

"그래. 그럼 그 돈을 찾아 달라고 하나님께 같이 기도하자."

그날 예배에 참석한 모든 사람에게 다니엘을 위해 기도하자고 요청했다. 힘을 합쳐 지갑을 찾게 해달라고 함께 기도하자고 했다. 다른 외국인 친구들도 내가 이 일을 어떻게 처리하는지 보고 싶었는지 큰 관심을 보였고, 우리는 큰 소리로 하나님께 합심기도를 올려 드렸다.

그런데 기도가 끝나자 다니엘이 막무가내로 내게 매달리기 시작했다.

"엘더 킴. 이제 기도도 했으니 엘더 킴이 내 잃어버린 돈 3,500달러를 내놓으세요!"

나는 다니엘을 달래며 이렇게 이야기했다.

"그래. 함께 기도했으니 이제 돈을 찾으러 가 보세. 하나님이 꼭 자네 돈을 찾아 주실 거야."

우리는 그가 지갑을 놓고 내렸다는 버스의 회사를 찾아가 보기로 했다. 그런데 다른 외국인 친구들도 함께 가고 싶다고 해서 교회 버스까지 움직여야 했다.

버스 회사에 도착한 우리는 사무실에 우르르 몰려들어 갔다. 떼거지로 나타난 외국인들 때문에 놀란 직원들 중 하나에게 내가 물었다.

"안녕하세요. 사장님은 어디 계십니까?"

"원래 저희 사장님은 평소 사무실에 잘 나오지 않으시는 편인데요. 오늘은 마침 저쪽에 나와 계십니다."

외국인들 여럿이 찾아와서 그랬는지 버스 회사 사장은 내 말을 끝까지 진지하게 들어 주었다. 다니엘의 사정 이야기를 다 듣고 난 뒤 그가 내게 되물었다.

"그러니까 잃어버린 그 지갑에 돈이 들어 있었다는 거죠?"

"네. 꽤 많은 돈이 들어 있었습니다."

사장은 고개를 좌우로 흔들며 자신 없다는 표정으로 이렇게 말했다.

"돈이 많이 들어 있었다면 찾기 어려울 것 같은데요. 어쨌든 경리국에 신고하고 가시면 최선을 다해 찾아보고 연락드리겠습니다."

그는 이렇게 말하고 자리를 떠나 버렸다. 할 수 없이 경리국에 가서 자초지종을 설명한 뒤에 내 명함을 두고 돌아왔다. 다니엘은 지갑을 찾지 못했다고 낙담했지만 나는 "최선을 다했으니 하나님이 일하실 것을 기다려 보자."고 위로해 주었다.

그로부터 3일 후에 버스 회사의 총무 과장이라는 사람에게 연락이 왔다.

"외국인교회 김학재 장로님 되십니까?"

"네. 그렇습니다. 혹시 다니엘의 지갑을 찾으셨나요?"

"그 외국인이 잃어버린 지갑에 정확하게 어떤 것들이 들어 있었나요?"

"네? 그럼 뭔가 찾긴 찾았나 보군요."

"그렇습니다. 하지만 그 지갑에 3,500달러 외에 어떤 것이 들어 있었는지 말씀해 주셔야겠습니다."

"네. 지갑 속에 구깃구깃한 나이지리아 지폐가 한 장 있을 겁니다. 그 나라에는 헌 돈을 지갑에 넣고 다니면 돈이 많이 들어온다는 풍습이 있거든요. 다니엘도 당연히 그렇게 했을 겁니다."

"아, 네. 알겠습니다. 잃어버렸다는 지갑을 찾은 것 같습니다.

3,500달러를 찾아준 버스회사 총무 과장님과 함께 기뻐하고 있다.

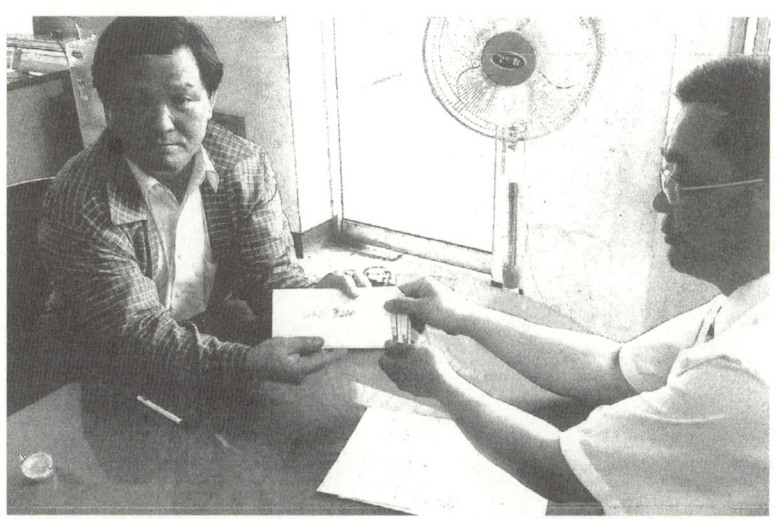

3년 동안 땀 흘려 벌었던 3,500달러를 버스에서 잃었다가 착한 학생과 운전사의 도움으로 버스회사에서 돈을 돌려받았다. 이것은 경찰도 해결하지 못하는 불가능한 일이었지만 성령님의 기적적인 도움으로 찾게 되었다.

죄송하지만 저희 사무실에 한번 와주시겠습니까? 이번 일과 관련해서 부탁드릴 것이 있으니 장로님 혼자 오시면 좋겠습니다."

"알겠습니다. 그렇게 하지요."

다니엘에게 지갑을 찾았다는 사실을 알리고 작업을 마친 뒤에 만나기로 했다. 나도 업무를 일찍 끝내고 교회에 먼저 가서 다니엘을 기다렸다. 잠시 후 밖에서 웅성거리는 소리가 들려 나가 보니 다니엘과 함께 나이지리아 출신 교우들 전부가 와 있었다. 마이클의 지갑을 찾았다는 소식을 듣고 다들 달려온 모양이었다. "미레이클(miracle), 미레이클" 하면서 활짝 웃는 사람도 있고 미레이클 장면을 기념 촬영하겠다고 카메라를 들고 온 사람도 있었다.

정말 당혹스러웠다.

'다니엘과 둘만 다녀오려고 했는데 이걸 어떻게 하지?'

하지만 내가 망설이는 사이에 이미 외국인 친구들은 교회 버스에 앉아 있었다. 할 수 없이 모두를 태우고 차를 몰아 버스 회사로 갔다. 우리를 본 총무 과장은 당황한 표정으로 내게 물었다.

"어쩌자고 이렇게 많이 데려오셨어요."

그렇다고 사람들을 돌려보낼 수도 없는 노릇이라 체념한 듯 회의실로 우리를 안내했다.

"찾으시던 지갑이 나왔습니다. 지갑을 분실한 날, 한 학생이 버스에서 지갑을 주워 운전사에게 전했고 그 모습이 고스란히 버스 CC카메라에 찍혔습니다. 운전기사는 그날 요금통과 함께 지갑을 경리국에 접수했고요. 이를 통해 지갑이 회사에 접수된 것을 알게 되었고, 내부 감사를 통해 알아보던 중에 다행히 지갑을 찾을 수 있었습니다."

"사실 저로서는 이번 일이 잘 이해가 되지 않습니다. 평소 사무실에 잘 나타나지 않는 사장님이 그날따라 나오셨다가 여러분을 만나 지갑을 꼭 찾아 주라는 지시를 내린 것도 그렇고, 원래 돈이 많이 든 지갑을 잃어버리면 경찰이 수사해도 찾기 힘든데 회사 내부 감사만으로 찾게 된 것 또한 믿어지지 않는 일입니다."

여기까지 말한 뒤에 총무 과장은 잠시 숨을 고른 뒤 입을 열었다.

"부디 저희 회사도 이 지갑을 찾느라 애를 많이 썼다는 것을 알아주시면 감사하겠습니다. 어렵게 찾아드린 것이니 죄송하지만 이것을 누가 갖고 있었는지는 묻지 말아 주십시오. 부탁드립니다."

그러면서 그는 뚱뚱한 지갑을 내놓았고, 그 안에는 3,500달러가 그대로 들어 있었다.

다니엘은 지갑을 보자마자 기쁘게 소리쳤다.

"내 지갑 맞아요! 기적이 일어났어요!"

그 자리에 있던 외국인 친구들 모두 환호성을 지르며 즐거워했고, 우리는 되찾은 지갑을 들고 '미레이클' 사진을 찍었다.

하지만 나는 궁금했다. 지갑에 들어 있던 돈은 마이클이 3년 동안 모은 것이라 결코 적은 액수가 아니었다. 그런 돈을 고민 끝에 어렵게 내놓은 정직한 사람이 누구인지 알고 싶었다. 그래서 외국인 친구들을 모두 차에 타라고 하고는 따로 총무 과장에게 지갑을 가져온 사람에 대해 물어보았다.

"사실은 시끄러워질까 봐 장로님 혼자 오시라고 한 겁니다. 이렇게 따로 물어보시니 말씀드리겠습니다만 저 외국인들에게는 모르는 척해 주시면 감사하겠습니다."

"어떤 분이 지갑을 돌려주신 건가요?"

"저희 회사에도 장로님이 계시는데 그분이 양심선언 하신 겁니다. 거기까지만 알려 드릴게요."

"그렇군요. 잘 알겠습니다."

이 정도면 됐다 싶어 그 자리를 나왔다. 내 생각에도 이 사건은 총무 과장의 말처럼 쉽게 해결되지 않을 일이었다. 성령 하나님께서 지갑을 가져간 장로님의 마음과 주변 상황들을 주관하셨기 때문에 해결된 것이 분명했다. 우리의 간절한 기도를 들으시고 나그네의 설움 묻은 돈을 돌려주신 하나님을 다시 한 번 찬양한다.

끝은 또 다른 시작으로 이어지고

시화 외국인교회를 시작한 지 5년 정도 되었을 때, 드디어 본 교회에서 외국인 예배국이 설립되었고, 더 좋은 시설에서 외국인예배가 각 나라의 언어별로 시작되었다. 신중한 논의 끝에 우리는 시설이나 교역자 구성 등 제반 여건이 더 나은 본 교회에서 외국인예배

1층은 공장이고 2층은 시화 외국인교회 전경.

를 총괄 수용하고 시화 외국인교회 사역은 종료하기로 결정했다.

막상 사역을 정리하려고 하니 우리 가운데 하나님이 베푸셨던 놀라운 역사들, 함께 예배하고 밥을 먹고 울고 웃으며 정들었던 외국인 친구들과의 추억, 처음부터 끝까지 흔들리지 않고 신실하게 예배와 공동체를 섬겨 준 자원봉사자들의 모습이 주마등처럼 지나갔다. 시화 외국인교회는 과거 속으로 사라졌지만 하나님은 우리의 수고를 기억하시고 이 사역과 관련된 것들이 하나도 헛되이 사라지지 않고 새로운 씨앗으로 뿌려지게 하셨다.

직장에서 필요한 한국어를 간절히 배우기 원하는 외국인 형제들을 위해 자비량으로 헌신하며 한글을 가르치고 있는 모습.

사역을 마치고 재정을 정리해 보니 그동안 모아 놓은 선교헌금이 1,100만 원 정도 남아 있었다. 이 헌금을 어떻게 사용해야 하나 기도하는 중에 하나님이 합당한 곳을 연결해 주셨다.

사역 초기 영어 예배실에 대형 TV를 보내 준 김제현 집사님. 그분을 우리에게 보낸 분이 김종오 전도사님이다. 시화 외국인교회가 사역을 접으려고 하는 시점에 그분은 목사 안수를 받고 케냐에서 선교사역을 감당하고 있었다. 케냐 여러 지역에 교회를 세운 뒤 사모님과 함께 의료 선교를 힘겹게 감당하고 있는데 마침 의료용 차량을 필요로 한다는 소식을 접하게 되었다. 두 번 생각할 것도 없이 남은 선교헌금에 돈을 더 보태어 차량 구입비로 헌금했다.

또한 예배 때 사용하던 손때 묻은 악기와 음향장비, 의자와 각종

비품을 정리해 보니 11톤 트럭 11대 분량이 나왔다. 이것 역시 무상으로 받은 것들이라 우리도 미자립 교회들에 무상으로 기증했다.

하나님은 시화 외국인교회가 사역하는 동안 언제나 함께하셨고 필요한 것이 있을 때마다 꼭 채워 주셨다. 내 삶 가운데 행하셨던 것처럼 교회 공동체 안에서도 그분의 살아 계심과 전능하심을 명확하게 드러내신 것이다.

눈동자처럼 지키신다
믿음의 장손이 되다
뉴질랜드 가족여행에 찾아온 위기
기도부터, 기도 먼저
극적으로 만난 도움의 손길
어떤 것으로도 선을 이루시는 하나님

CHAPTER 5

합력하여 가족을 이루시다

• CHAPTER 5 •

합력하여
가족을 이루시다

눈동자처럼 지키신다

2016년 6월 20일 오전 11시경. 아내와 나는 자동차로 경부고속도로 왜관 근처를 달리고 있었다. 그런데 갑자기 끔찍한 일이 벌어졌다. 주행 중이던 우리 차의 엔진이 한순간에 꺼져 버린 것이다. 자동 기어 차량이 주행 중에 엔진이 꺼지게 되면 곧바로 운전대와 브레이크 없는 거대한 쇳덩이가 되어 버리기 때문에, 우리 차는 정면을 향해 돌진해 나갔다.

죽을 힘을 다해 운전대를 틀어 가까스로 1차선에서 2차선으로 나왔다. 하지만 브레이크가 돌처럼 굳어 버린 상태라 차의 속도를 줄이지 못해 갓길 쪽으로 가려던 나의 노력은 수포로 돌아갔다. 결국 앞차와 충돌한 우리 차는 펜스를 들이받고 반 바퀴를 회전한 뒤에야 겨우 멈췄다. 다른 차량의 주행 방향과 정반대로 서 있는 위험천만한 상황이었다.

바로 그때 속도도 줄이지 않은 채 정면으로 달려오고 있는 대형 냉동트럭이 눈에 들어왔다. 순식간에 일어난 일이라 트럭 운전사도 미처 브레이크를 밟지 못한 것 같았다. 이제 정면충돌은 피할 수 없어 보였다. 아내와 나는 '이제는 죽었구나.' 싶은 생각에 눈을 감아 버렸다. 하지만 냉동트럭은 천만다행으로 우리 차의 오른쪽 사이드미러만 부수고 정지했다. 할렐루야! 하나님이 우리 부부를 살려 주신 것이다.

잠시 후 정신을 차리고 차에서 내려 다친 곳이 있는지 서로의 몸을 살펴보았다. 기적이었다. 엔진이 절반 이상 부서지고 아내가 앉아 있던 오른쪽 앞좌석 유리창이 산산조각 났지만, 내 허리 벨트가 끊어진 것 말고는 두 사람 모두 머리카락 하나 상하지 않았다. 냉동트럭이 0.5초 차이로 방향을 바꾸지 못해 우리 차와 정면충돌했다면 분명 나는 이 책을 쓰고 있지 못했을 것이다.

다윗은 하나님이 눈동자처럼 자신을 보호하신다고 고백한다.

나를 눈동자 같이 지키시고 주의 날개 그늘 아래에 감추사
(시 17:8)

눈동자는 사람의 눈 중앙에 있는 안구를 말하며 동공으로 불리기도 한다. 신체에서 가장 중요하고 예민한 부위이기 때문에 가장 세심한 보호가 필요한데, 그래서 성경에서는 눈꺼풀에 의해 보호되는 눈동자를 '진귀한 것' 또는 '(무엇에 의해) 보호받음'의 상징으로 사용하고 있다. 또한 '눈동자 같이 지킨다.'는 표현으로 하나님의 세심한 보호를 나타내기도 한다.

돌아보면 하나님은 언제나 우리 가정을 곁에서 완벽하게 보호하셨다. 우리 가정이 남들 보기에 멋지거나 훌륭해서가 아니라 반대로 연약하고 예민하기 때문에 그렇게 눈동자같이 지켜 주신 것이다.

믿음의 장손이 되다

학창시절에 할머니의 심한 반대로 자주 가지는 못했지만 가끔씩 예배에 참석하는 교회가 있었다. 하루는 그 교회 목사님이 내게 이런 말씀을 하셨다.

"학재야. 세례 받고 회개하고 예수님 믿어야 천국에 갈 수 있단다."

하지만 집안의 장손인 내가 세례까지 받을 수는 없었다. 그러다가 시간이 흘러 대학에 가고 군에 입대했다. 제주 모슬포에서 군

생활을 했는데 가족들과 떨어져 있는 관계로 자유롭게 교회에 다닐 수 있었다. 그곳에 있는 장병대교회는 보수적인 곳이었는데, 한번은 군목이 "세례 받고 싶은 병사들은 준비해야 할 것이 있으니 이번 토요일에 교회로 꼭 오라."고 공지했다. 이번 기회에 꼭 세례 받아야겠다고 마음먹고 토요일 오후 교회로 갔다. 그런데 세례 문답을 도우러 나온 지역 교회 장로님이 내게 질문을 했는데 대답하기 무척 힘든 것이었다.

"세례 신청서에 보니 자네는 자네 집안의 장손이구만. 그러면 세례 받은 뒤로는 제사 안 지낼 수 있나?"

아무 대답도 할 수 없었다. 나는 세례 문답도 하지 못하고 부대로 돌아왔고, 결국 세례를 받지 못하고 제대하고 말았다. 일단 가족들 모르게 세례부터 받아 놓고 제사 문제는 나중에 생각해도 되지만, 그 정도로 나는 가문의 장손이라는 역할의 무게에 짓눌려 있었다.

이런 부담감은 집사가 되어 열심히 신앙생활을 하던 때도 마찬가지였다. '장손은 반드시 제사에 참석해야 한다'는 강박관념 때문에 어쩔 수 없이 제사에 참석하기는 했지만, 지방을 붙여 놓고 그 앞에 절하는 것이 너무 싫고 하나님 앞에서 괴로웠다. 그러던 어느 날, 다시 제삿날이 돌아왔다. '더는 이렇게 할 수 없다'고 굳게 결심한 나는 당시 집안에서 가장 어른이셨던 숙부님을 찾아가 어려운 말씀을 드렸다.

"숙부님. 지방에 '신위(神位 - 죽은 사람의 영혼이 의지할 자리를 뜻하거나 죽은 사람의 사진이나 지방(紙榜) 따위를 이른다.)'라고 써 붙이고 그 앞에 절하는 것은 귀신 앞에서 절하는 것입니다. 저는 신앙 양심상 절대 그럴 수 없습니다. 오늘부터 저는 제사 때 절하지 않겠습니다."

숙부님은 나를 달래며 이렇게 말씀하셨다.

"네 말을 알겠다만 지방은 주소 같은 거야. 조상님도 주소가 있어야 찾아오시지 않겠냐? 장손인 네가 그러면 안 되지. 고집부리지 말고 그냥 절해라."

하지만 나는 굽히지 않았다. 다른 친척들이 절하는 동안 나는 가만히 서서 기도했다. 묘한 분위기 속에서 제사에 참석한 사람들의 시선이 내게 집중되었다. 왜 절하지 않느냐고 야단치는 사람은 없었지만 내가 느끼는 중압감은 엄청났다. 살다 보면 이렇게 신앙적인 결단을 해야 할 때가 있다.

그러나 '진짜' 상황은 제사를 마친 뒤부터 펼쳐졌다. 장손이 제사 때 절하지 않은 것에 대해 여기저기서 이러쿵저러쿵하는 소리들이 들려왔다. 물론 나 들으라고 하는 말이었다.

"예수 믿는 사람들은 꼭 저렇게 유난을 떨더라."

"교회 다녀도 제사상에 절하는 사람들 많던데 꼭 저렇게 해야 하나?"

그럴 때 내가 할 수 있는 것은 기도뿐이었다. 제사에 참석할 때마다 나는 이렇게 하나님께 기도했다.

"하나님. 지금 제사상에 절하는 분들은 자기가 뭘 하고 있는지 모르고 있습니다. 부디 용서해 주시고 저분들도 예수 믿고 천국 가게 해주세요."

그리고 이런 기도도 올려드렸다.

"하나님. 제가 저분들보다 더 잘되게 해주세요. 제가 못 살면 다들 '예수 믿는 사람들은 다 저 모양이야'라고 하지 않겠습니까? 제발 저분들이 보고 놀라워하고 부러워할 수 있는 삶을 살게 해주세요."

이렇게 기도하는 가운데 주님의 임재가 느껴졌다.

"그래. 학재야. 내가 너와 함께할 테니 두려워하지 마라."

앞에서 나눈 것처럼 하나님은 전기 온풍기를 서울 지하철 모든 역에 독점 납품할 수 있는 복을 주셔서 큰 성공을 거두게 하셨고, 마침내 시화공단에 공장까지 세워 주셨다.

공장 준공식이 열리는 날, 친척들을 초대했다. 모두 제사 때마다 내게 눈치와 눈총을 주고, 제사를 추도예배로 바꾸고 절도 하지 않는 것을 못마땅해 한 이들이었다. 그런데 친척들이 준공식에 참석한 것에는 다른 이유가 있었다.

그분들을 초대하면서 준공식 예배에 여의도순복음교회 조용기 목사님이 오신다는 이야기를 했더니 다들 믿지 않는 눈치였다. 교회에 다니지는 않았지만 여의도순복음교회와 조용기 목사님에 대해서는 다들 알고 있었다.

"말도 안 돼. 그렇게 큰 교회 목사님이 네 공장 준공식에 오신다고?"

"아니겠지. 조용기 목사님이 어떤 분인데 거길 와."

그러면서도 정말 조용기 목사님이 준공식에 오신다면 얼굴이나 한번 보고 싶다며 찾아온 것이었다. 준공식을 마치고 목사님 일행이 떠난 뒤에 우리 가족과 친척들만 남았다. 그런데 나를 바라보는 친척들의 눈빛이 예전과 달라진 것이 느껴졌다. 무슨 일인가 싶어 궁금했는데 다들 이구동성으로 나에 대한 칭찬을 쏟아 내기 시작했다.

"학재야. 네가 이제 해풍 김씨 가문을 세우는구나."

"저렇게 큰 교회 목사님이 준공식에 찾아오는 걸 보니 네가 정말 다시 보이는구나."

"이렇게 와서 보니 공장이 너무 훌륭하고 멋지구나. 네가 이렇게 잘된 줄 몰랐어."

나는 그 소리들이 하나님이 이렇게 말씀하시는 것처럼 느껴졌다.

"그래. 학재야. 나도 다 듣고 있단다. 그동안 고생 많았다."

그러고 나서 얼마 지나지 않아 친척들 중에 예수 믿고 변화되고 싶다는 사람, 나도 교회에 다니고 싶다는 사람들이 하나둘 생겨나기 시작했다. 하나님은 온갖 설움 속에서도 끝까지 인내하며 올려 드렸던 나의 기도를 완벽하게 이루어 주셨다. 내 형편을 아시고 내 기도를 들으시며 온 가족이 누릴 복을 준비하고 계셨던 것이다.

뉴질랜드 가족여행에 찾아온 위기

휴가차 아내와 함께 뉴질랜드에 사는 딸네 집에 놀러 간 적이 있었다. 오랜만에 만난 딸과 사위, 손녀와 즐거운 시간을 보냈는데 벌써 귀국할 날이 가까워졌다. 그래서 딸의 제안으로 한국에 돌아가기 전에 가족여행을 다녀오기로 했다.

딸네 집에서 북쪽으로 약 382킬로미터 떨어진 곳에 '나인티 마일(Ninety Mile)'이라는 해변이 있다. 길이가 일직선으로 145킬로미터나 되는 긴 해변인데, 이곳을 경유해서 뉴질랜드 최북단 '케이프 레인가(Cape Reinga)'에 있는 등대까지 다녀오는 3박 4일 코스였다.

여행 첫날은 언덕 위에 있는 작은 호텔에서 묵었는데, 남편은 독일인이고 아내는 중국인인 주인 부부가 앞치마를 두르고 정성껏 아침 식사를 차려 주는 자그맣고 예쁜 언덕 위의 호텔이었다. 깨끗한 공기와 보석처럼 별빛이 반짝이는 밤하늘을 마음껏 즐기며 밤을 보낸 뒤, 둘째 날에는 그림 같은 서해안 금빛 모래사장에서 손녀와 조가비를 줍고 모래성도 쌓으며 온종일 신나게 놀았다. 그날은 해변에 있는 호텔에서 묵고 다음 날 아침 일찍 케이프 레인가를 향해 출발했다.

케이프 레인가로 가기 전에 나인티 마일 해변을 들르기로 했다. 2차선 국도에서 나인티 마일 해변으로 가기 위해 한참을 달리다 보니 아스팔트 도로가 끝나고 자갈이 깔린 비포장도로가 나왔다. 지나가는 마오리 여인에게 나인티 마일로 가는 길을 물어보니 좁은 비포장도로를 가다가 마오리족이 사는 집이 나오면 대문을 열고 들어가, 그 집 안에 나 있는 길을 통해 내려가야 한다고 가르쳐 주었다.

그의 말대로 찾아가 보니 마오리족의 집이 나타났다. 철 파이프로 된 대문 중앙에는 녹슨 양철 깡통이 달려 있었다. 거기에는 "여기는 사유지이기 때문에 이 문을 통과하려면 2달러를 내야 한다."는 문구가 적혀 있었다. 깡통에 2달러를 넣고 출발하려고 하는데, 초등학생 정도의 나이로 보이는 마오리 어린이가 집 문을 열고 나와 깡통에 넣은 돈을 가져가는 것이 보였다. 오고 가는 관광객들을 대상으로 이런 식으로 영업(?)하는 모양이었다.

한참을 내려갔지만 바다는 보이지 않고 자갈길만 계속되었다. 그렇게 뽀얀 먼지 속에서 30분 정도 달려가니 로터리(roundabout)가 나왔다. 다시 바다 쪽으로 차를 돌려 소나무 숲 속의 자갈길을 40분 정도 가다 보니 삼거리가 나왔다. 여기서 아내와 나의 의견이 갈렸다. 나는 좌측이 해변 방향일 것 같다고 했고 아내는 케이프 레인가가 북쪽에 있으니 우측으로 가야 한다고 했다. 하지만 결국 운전대를 잡은 내 뜻대로 좌측으로 차를 돌렸다. 이제는 시간이 너무 많이 지나 뒤로 돌아갈 수도 없는 상황이었다.

500미터쯤 갔을 때 자갈길에서 모랫길로 들어섰지만 다시 자갈길과 모랫길이 번갈아 나타났다. 그러다가 5미터 정도 되어 보이는 모랫길이 또 나타났다. 차량이 많이 다녀 움푹 파인 자갈길에 모래를 실어다 메워 놓은 거라고 생각하고 그대로 진입했는데, 이것은 나의 큰 착각이었다.

모랫길에 들어서는 순간 속도가 떨어지면서 운전대가 좌우로 마구 흔들렸다. 액셀러레이터를 강하게 밟아 겨우 그곳을 빠져나왔는데 다시 모랫길이 시작되었다. 이번에는 도로 중간에서 바퀴가 헛돌다 뒷바퀴가 모래 속에 빠져 버렸다. 나오려고 하면 할수록 바퀴가 점점 더 모래 속에 빠져들어 갔다. 앞바퀴 밑에 나무뿌리와 손녀의 썰매를 받치고 차바퀴를 자갈길에 올리려고 해봤지만 모두 헛일이었다.

깊은 산중이라 지나가는 차량도 보이지 않았다. 구조 요청을 하려고 911에 여러 번 전화를 걸었지만 불통이었다. 우리가 갖고 있는 휴대폰 세 대로 번갈아 전화를 걸어 봤지만 모두 불통이었다. 경찰 비상전화도 불통이었다. 할 수 없이 다시 차를 꺼내려고 시도해 봤지만 더 깊이 빠져들어 가 엔진이 공회전을 하며 모래바람만 일으켰다.

이번에는 바퀴 밑의 모래를 파내고 아내와 딸이 뜯어온 들풀을 그 자리에 깔았다. 몸이 가벼운 딸이 운전대를 잡고 차를 후진시키면 나머지 세 사람이 있는 힘껏 차를 밀었다. 다행히 차가 조금씩 움직이더니 자갈밭으로 겨우 올라올 수 있었다. 내가 다시 운전대를 잡고 차를 돌리려고 하는데, 2미터 정도의 좁은 자갈밭이라 그만 오른쪽 바퀴가 다시 모래 속에 빠지고 말았다. 오른쪽 바퀴가 계속 헛바퀴를 돌더니 결국 차체가 모래밭에 주저앉아 버렸다.

그 지역의 모든 자동차도로는 원래 자갈길이 아니라, 바퀴가 모래에 빠지는 것을 막고 차량의 원활한 이동을 돕기 위해 자갈을 모래 위에 깔아 놓은 형태였다. 그런데 우리 차가 빠진 곳만 모래 위에 깔아 놓은 자갈이 유실된 것이었다. 더 심각한 것은 이 도로가 만들어진 지 오래된 데다 지나다니는 차량조차 거의 없다는 사실이었다. 조금만 있으면 날이 어두워질 것이다. 다들 지쳐서 망연자실해 있는데 옆에서 다섯 살 손녀는 배가 고프다며 칭얼대기 시작했다.

기도부터, 기도 먼저

모래밭에서 차를 빼내기 위해 씨름한 지 다섯 시간이 지났다. 이대로 해가 지면 꼼짝없이 숲에서 밤을 새워야 할 판국이었다.

'모처럼의 가족 여행인데 도대체 이게 뭐람.'

어이가 없고 기가 막혔다. 이런 일은 난생처음이었다. 깊은 산속에서 전화도 안 되고, 오가는 차량도 없고, 그렇다고 밤에 어떤 일이 벌어질지 알 수 없는 낯선 곳에서 마냥 도움의 손길을 기다릴 수도 없는 사면초가의 상황이었다. 점점 두렵고 불안해지기 시작했다.

'이제 어떻게 해야 하나' 고민하고 있는데 '이 사람아. 자네는 기도하는 장로 아닌가!' 하는 음성이 마음속을 울렸다. 갑자기 정신이 번쩍 들었다. 주님이 언제 어디서나 동행하신다는 것을 믿는다면서 현실이 급박해지니 기도하는 것도 잊고 모래 파낼 생각만 하고 있었던 것이다.

구원받고 하나님의 자녀가 되었지만 우리는 여전히 연약하고 무력한 존재다. 그래서 우리의 힘이 되시고 내 삶 가운데 살아 역사하시는 하나님이 절대적으로 필요하다. 나는 이것을 기억하고 인정하는 가장 대표적인 행위가 기도라고 믿는다. 하지만 안타깝게도 나를 포함한 많은 그리스도인들이 기도를 맨 마지막에 써먹는 '최종병기'처럼 생각한다. 할 수 있는 것 다 해보고 그래도 안 될 때 비로소 기도한다는 말이다.

그러나 예수님은 기도부터 하셨다. 무엇을 하든지 기도를 제일 먼저 하셨다. 3년간의 공생애를 시작하기 전에 40일 동안 금식하며 기도하셨고, 12명의 제자들을 세우기 전에 철야하며 기도하셨고, 오병이어의 기적을 베풀기 전에 감사의 기도를 드리셨고, 십자가를 지기 전에도 땀이 핏방울이 될 정도로 기도하셨다. 사람의 몸으로 오셨지만 본래 성자 하나님이신 그분이 왜 그렇게 하셨을까? 죄에 빠진 우리의 구원을 위해 십자가를 지라는 하나님의 명령 앞에 겸손히 무릎 꿇고 기도하신 것이다.

> 내가 아무 것도 스스로 할 수 없노라 듣는 대로 심판하노니 나는 나의 뜻대로 하려 하지 않고 나를 보내신 이의 뜻대로 하려 하므로 내 심판은 의로우니라(요 5:30)

그리고 기도할 때 성부 하나님이 역사하신다는 것을 아셨기 때문이다.

그런데도 나는 살아 역사하시고 늘 내 안과 옆에 계시며, 등 뒤에서 도우시는 주님을 잊고 살아갈 때가 많다. 모래밭에 빠진 차바퀴를 하나님보다 더 크게 여기고 기도를 잊어버린 것이 너무 부끄럽고 죄송했다. 그분은 참 좋으신 하나님, 내가 실수하고 힘들어할 때 잔잔히 미소 지으며 "내가 여기 있잖니"라고 속삭이시는, 나의 힘 되시는 주님이시다.

이것을 깨닫자마자 즉시 이렇게 기도를 시작했다.

"주님. 제가 주님을 사랑합니다. 제가 주님을 먼저 기억하지 못한 것 용서해 주세요."

그러자 주님은 우리에게 올바른 상황판단을 할 수 있는 지혜를 주셨다.

날이 어두워지기 전에 사위와 나는 계속해서 모래에 빠진 차를 빼내 보기로 하고, 영어를 잘하는 딸과 아내는 전화 통화가 되는 데까지 왔던 길을 되돌아가 구조요청을 하기로 했다. 물론 지나는 차가 있을 경우에도 도움을 부탁하기로 했다. 아무 대책도 없이 먼 길을 걸어가야 할 아내와 딸이 안쓰럽고 걱정스러웠지만 그것 말고는 달리 방법이 없었다.

엄마를 따라가겠다며 우는 손녀를 겨우 떼어 놓고 딸과 아내가 출발하자 사위와 나는 다시 자동차에 달라붙었다. 먼저 트렁크에서 잭(jack)을 꺼내 차체를 들어 올린 뒤, 바퀴 밑의 모래를 파내고 그 자리에 풀을 뜯어다 깔았다. 그런 다음 차체를 내리고 시동을 걸었다. 하지만 차체는 모래 속으로 더 깊이 가라앉아 버렸다.

녹초가 되어 버린 우리는 결국 차 꺼내는 것을 포기하고 말았다. 사위와 나는 차를 꺼내려고 늘어놓은 짐을 정리한 뒤 모래 위에 그대로 뻗어 버렸다. 이제 할 수 있는 것은 하나님께 다시 기도하는 것뿐이었다.

"주님. 우리 힘으로는 이 차를 끌어낼 수 없습니다. 도와주세요! 어서 구조의 손길을 보내 주세요!"

극적으로 만난 도움의 손길

한편 딸과 아내는 왔던 길을 열심히 되돌아가고 있었다. 오백 미터 정도 걸어가니 우리가 지나쳤던 삼거리가 나왔다. 주변을 살펴보니 표지판 같은 나무 기둥이 있는데 거기에 우리가 곤경에 처한 도로명이 '모스크로드'라고 적혀 있었다.

그곳에서 전화를 걸어 보니 다행히도 연결이 되었다. 하지만 경찰과 구조대에서는 '모스크로드'라는 도로명 자체를 모른다며 구조하러 올 수 없다고 했다. 그러면서 자기네 대신 그 지역의 차량안전관리 회사에 구조 요청을 하라며 연락처를 알려 주었다. 그러나 차량안전관리 회사에서도 우리가 있는 곳을 몰라 올 수 없다는 것이 아닌가!

그곳 직원은 견인차 회사 연락처를 찾아보겠다며 한참을 기다리게 했다. 휴대폰 배터리가 얼마 없는 관계로 끊었다가 잠시 후 다시 전화해서 겨우 전화번호를 받을 수 있었다. 서둘러 견인차 회사에 연락했지만 자기네는 자동차로 1시간 정도 걸려야 올 수 있는 먼 곳에 있고, 그나마 오늘은 시간이 늦어서 올 수 없다고 했다. 나는 뉴질랜드가 OECD 국가이니 안전할 거라고 생각했다. 그러나 이 나라의 누구도 우리 다섯 식구의 안전을 책임지려 하지 않는 것 같았다. '한국 같으면 119 구조대가 헬리콥터를 동원해서라도 조난자를 구조할 텐데'라는 생각에 우리나라가 더 좋은 나라처럼 생각되었다.

구조 받을 길이 아예 없으니 이제는 한시라도 빨리 안전지대로 가는 것이 급선무라는 생각에 전화 걸기를 포기한 딸과 아내는 무작정 왔던 길을 되돌아갔다. '이 고개만 넘으면 아까 지나쳐 온 라운드어바웃(로터리)이 나오겠지'라고 생각했지만 가도 가도 고개만 연속으로 나타났다. 지칠 대로 지치고 몸은 땀으로 흠뻑 젖었지만 돌아갈 수 없는 상황이기에 무작정 발이 움직이는 대로 걸어갔다. 아내가 "좀 천천히 가자"며 저만치 뒤도 돌아보지 않고 무작정 걸어가는 딸을 불러 세웠다. 하지만 딸은 아내에게 이렇게 말했다.

"엄마. 나는 지금 내 딸 말고는 아무것도 눈에 안 보여. 내 딸을 살려야 한다는 마음에 정신없이 가는 거야."

그리고는 아내에게 자기 발을 보여 주는데, 발바닥이 온통 물집투성이였다. 급한 대로 휴지를 발가락에 감고 계속 걸어가는데 지나가는 차가 한 대도 없었다. 그 후로도 여러 개의 고개를 넘으며 숲 속 자갈길을 걷던 두 사람은 마침내 대문에 양철 깡통을 걸어 놓고 통행료 2달러를 받던 마오리족 집에 다시 도착했다.

집에 들어가 보니 어른은 없고 아이들만 있었다. 할 수 없이 지나가는 차라도 붙잡으러 큰 길가로 나왔는데, 마침 자동차 한 대가 건너편 집 앞에 멈추는 것이 보였다. 운전석에 앉아 있던 마오리 여인도 먼지와 땀으로 범벅이 되어 길 건너에 서 있는 낯선 여자, 즉 내 딸을 이상하게 쳐다보았다. 바로 그때 마음속에 '이 사람이 우리를 구조해 줄 사람 같다'는 생각이 든 딸은 즉시 마오리 여인에게 달려가 구조요청을 했다.

"여보세요. 우리 좀 도와주세요. 지금 우리 차가 모래 속에 빠져서 움직이지 못하고 있어요. 그곳에서 여기까지 꼬박 3시간이 넘게 걸어왔네요. 그곳에는 나를 기다리는 어린 딸도 있어요. 제발 도와주세요."

마오리 여인이 "여기가 우리 집이니 들어가서 이야기합시다." 라고 해서 따라 들어가니 그의 어린 딸이 컵에 얼음물을 담아 두 사람에게 권했다. 딸의 이야기를 들은 마오리 여인은 급히 남편과 통화하더니 이렇게 말했다.

"우리 남편은 지금 450킬로미터 떨어진 오클랜드에 있어서 도와줄 수 없대요."

그 순간 빠르게 달려오는 검은색 자동차가 보이자 마오리 여인은 우리 딸보다 더 기뻐하며 밖으로 뛰쳐나갔다. 가까스로 세워보니 튼튼한 RV차량에다 힘깨나 쓸 것 같은 마오리 청년들이 타고 있었다. 우리 사정을 설명하고 도움을 요청했지만 그들은 단번에 거절하고 떠나버렸다.

낙심해 있는데 이번에는 'FIRE'라고 쓰여 있는 흰색 자동차가 다가왔다.

'이 차는 구조차량이니 우리 부탁을 거절하지 않겠지?'

이렇게 생각한 딸은 손을 흔들어 차를 세운 뒤, 마오리 여인과 함께 운전자에게 구조요청을 했다. 소방관 제복을 입고 있으면서도 그 남자는 우리 부탁을 단번에 거절했다. 자신은 휴가 중인 데다 마침 약속이 있어서 가봐야 한다는 것이었다. 옆 좌석에는 소방관의 아내로 보이는 덩치 큰 여인이 앉아 있었는데 그 역시 우리 부탁을 거절했다.

딸 옆에 서 있던 아내는 이 사람들까지 놓치면 큰일이라는 생각에 끈질기게 소방관 부부에게 매달렸는데, 갑자기 애타게 기다리고 있을 어린 손녀가 생각나 눈물을 흘리게 되었다. 동양인 할머니가 눈물을 흘리며 두 손 모아 'please'를 연발하는 모습에 소방관 부부의 마음이 약해지기 시작했다. 소방관은 난감한 표정으로 마오리 여인에게 이렇게 말했다.

"휴가 중에 친구 만나러 가는 길이라 이 차에는 로프도 없어요. 차를 모래에서 꺼내려면 로프가 꼭 필요하거든요. 미안해요."

그들의 마음의 동요를 눈치 챈 마오리 여인은 이렇게 쐐기를 박았다.

"그건 걱정 말아요. 우리 집에 로프가 있으니 그걸 사용하면 돼요."

결국 소방관은 차를 끌어낼 로프가 있다면 도와주겠다고 승낙했다.

딸과 마오리 여인이 로프를 가지러 집에 들어간 사이, 아내는 너무 고마워서 두 손 모아 "땡큐"를 연발했다고 한다. 아내와 딸은 로프를 챙겨 소방관 부부의 차 뒷좌석에 타고 우리가 있는 곳을 향해 출발했다. 소방관의 아내는 이 길을 걸어왔다는 말에 깜짝 놀라며 이렇게 물었다.

"이 먼 길을 걸어왔다고요? 여기는 대낮에도 큰 멧돼지가 나타나는 곳이거든요. 혹시 두 분은 오는 길에 멧돼지를 보지 못했나요?"

그 말을 들은 아내와 딸은 기가 막힐 상황에서 건져 주신 하나님께 감사만 드렸다고 한다.

어떤 것으로도 선을 이루시는 하나님

차 꺼내는 것을 포기하고 한참을 기다리고 있는데, 'FIRE'라고 쓰여 있는 흰색 자동차가 다가오는 것이 보였다. '이젠 살았구나' 싶어 차를 세워 보니 뒷좌석에 반가운 얼굴들이 보였다. 왔던 길을 걸어서 되돌아 간 아내와 딸이었다.

소방관은 곧바로 구조작업에 착수했다. 차 앞쪽은 범퍼까지 완전히 모래에 묻혀 있어서 뒷바퀴에 로프를 걸었다. 소방관의 차도 사륜구동 차량이 아니어서 멀리 떨어진 위치에서 시동을 걸고 우리 차를 끌어당기기 시작했다. 모래 속에 처박힌 우리 차는 한참을 요동치던 끝에 겨우 자갈밭으로 나왔다. 그러고 나서 두 대의 차는 전속력으로 달려 그 도로를 빠져나왔다.

고마운 소방관 부부는 약속 시각이 지났는데도 우리 차를 안전한 곳까지 인도해 주었다. 덕분에 우리는 마오리족의 집 대문을 통과해 친절을 베풀어 준 마오리 여인의 집에 무사히 도착할 수 있었다. 나는 그에게 로프를 돌려주며 생면부지의 외국인들인 우리를 살려 준 은혜에 진심으로 감사했다.

고난과 실패가 복으로 바뀌는 것을 흔히 '전화위복'이라고 부른다. 그런데 성경에도 이런 이야기가 나온다는 것을 알고 있는가?

우리가 알거니와 하나님을 사랑하는 자 곧 그의 뜻대로 부르심을 입은 자들에게는 모든 것이 합력하여 선을 이루느니라

(롬 8:28)

얼핏 보면 예수 믿는 사람에게는 언제나 좋은 일만 생길 거라는, 모든 일이 다 잘될 거라는 뜻인 것 같다. 하지만 이 구절이 기록된 로마서 8장은 성령 하나님과 우리들, 그리고 피조물들까지 모두 아파하고 있다고 이야기한다.

그 바라는 것은 피조물도 썩어짐의 종 노릇 한 데서 해방되어 하나님의 자녀들의 영광의 자유에 이르는 것이니라 피조물이 다 이제까지 함께 탄식하며 함께 고통을 겪고 있는 것을 우리

가 아니라 그뿐 아니라 또한 우리 곧 성령의 처음 익은 열매를 받은 우리까지도 속으로 탄식하여 양자 될 것 곧 우리 몸의 속량을 기다리느니라(롬 8:21-23)

이와 같이 성령도 우리의 연약함을 도우시나니 우리는 마땅히 기도할 바를 알지 못하나 오직 성령이 말할 수 없는 탄식으로 우리를 위하여 친히 간구하시느니라(롬 8:26)

이 세상에는 좋은 일보다 악하고 비정하고 폭력적이며 불합리한 일이 더 많이 일어난다. 그렇다면 모든 것이 합력하여 선을 이룬다는 말은 도대체 무슨 의미일까?

방글라데시에서 온 형제와 함께 일한 적이 있다. 나는 그들과 사장과 직원이 아니라 혈육처럼 지냈다. 형인 니본이 먼저 한국에 들어와 일을 시작했고 나중에 그가 동생 바분을 초청해서 함께 일하게 되었다.

형제는 성격도 현격히 달랐다. 형 니본은 에서처럼 힘이 세고 소탈한 성격이었다. 정이 많은 반면 고집도 센 편이었다. 자기표현이 분명하고, 억울하다고 생각되면 화는 내지 않더라도 끝까지 따져 묻는 스타일이지만 사장인 내 말에는 전적으로 순종했다. 한 번은 니본이 일을 잘 못해서 큰소리로 화를 내며 야단친 적이 있다. 그런데 니본은 내 얼굴을 찬찬히 들여다보더니 낮은 음성으로 이렇게 말했다.

"사장님. 죄송해요. 하지만 화내지 말고 뭐가 잘못되었는지 천천히 설명해 주세요. 그러면 제가 고쳐 볼게요."

맞는 말이었다. 어떤 부분에서 실수한 것인지 알려 주지도 않고 무턱대고 화부터 낸 것이 부끄러웠다. 이렇게 니본은 어떤 때는 나를 깨우쳐 주는 친구, 어떤 때는 나를 절대적으로 지지하는 열성 팬, 또 어떤 때는 아들처럼 느껴지는 훌륭한 직원이었다.

하지만 동생 바분은 야곱처럼 이해타산이 빠르고 진중하지 못해 친구들의 꾐에 잘 넘어가는 편이었다. 임금을 더 준다는 친구의 말만 믿고 다른 회사로 가버렸다가 형이 부르면 다시 돌아오곤 했다. 또한 몸이 약한 편이라 차를 타고 장거리 여행을 할 때 멀미가 심해서 늘 앞좌석에 앉아야 했다. 그래도 형제는 죽이 잘 맞아서 고향 음식이 먹고 싶다고 본국에서 가져온 커리를 직접 요리하다 기숙사 전체에 냄새를 퍼뜨린 적도 있었다.

어느 날 저녁 늦게까지 잔무를 보고 있는데 니본이 사무실 문을 열고 들어왔다. 가만히 보니 얼굴빛이 아주 어두웠다.

"왜 그래? 니본. 무슨 일 있어?"

"사장님. 나 집에 가야 해요. 집사람이 죽을 것 같아요. 내가 한국에 와 있는 8년 동안 아내 혼자 가정을 돌봤는데 고생을 너무 많이 해서 신장이 다 녹았대요. 생명이 위험한 상태라 내가 얼른 돌아가야 돼요."

평소에 일도 잘 하고 밝은 표정으로 지내서 그런 일이 있을 거라고 눈치채지 못했다. 얼마나 힘들까 걱정되는 마음에 그렇게 하라고 하고는 급히 비행기 표를 사줬다.

그런데 이틀 뒤에 동생 바분이 사무실로 찾아와 내게 이렇게 말했다.

"사장님. 형 보내지 말아요. 형수님은 형이 가면 죽고 형이 안 가면 살아요."

"뭐라고? 형이 가면 형수가 죽는다니…. 그게 무슨 소리야?"

"사장님. 방글라데시 사람은 인도인과 같은 핏줄이에요. 그래서 인도에 가면 신장을 얼마든지 살 수 있어요. 여기서 돈을 더 벌어서 보내 주면 형수님이 인도에서 이식 가능한 신장을 사서 수술할 수 있어요. 그런데 형님이 이대로 돌아가면 아무 치료도 못하고 형수님 장례를 치러야 돼요."

"그럼 바분이 형한테 그렇게 하라고 말해 주면 되잖아."

"형은 울기만 하고 내 말은 믿을 수 없는지 아예 들으려 하지 않아요. 그러니까 사장님이 말해 줘요."

나는 니본을 조용히 불러 바분의 말을 전해 주었다.

"동생 말이 자네가 여기서 돈을 보내 주면 이식 가능한 신장을 사서 아내를 살릴 수 있다고 하던데 정말 그렇다면 다시 생각해 봐. 나도 도와줄 테니 이식 가능한 신장을 찾아보게. 만약 수술 후에 경과가 나빠지면 지금 갖고 있는 항공권으로 즉시 떠나면 되잖아."

내 말을 듣고 니본도 그렇게 하겠다고 했다.

두 달 후 니본이 밝은 얼굴로 사무실에 들어와 이렇게 말했다.

"사장님. 아내 수술이 잘됐다고 연락 왔어요. 제 아내 살았어요."

나도 너무 기뻤다.

"그래. 잘 됐구나. 하나님이 살려 주셨어. 축하한다. 니본."

그 후 니본은 우리 회사에서 2년 더 근무하다가 귀국했다. 떠난 지 얼마 되지 않아 그가 우리 부부를 방글라데시에 초청했다. 한국 상품을 수입하는 일을 하려고 준비 중인데 가능하면 진우의 사업도 그곳에서 해보고 싶으니 꼭 한 번 방문해 달라고 했다. 우리 부부도 죽을 뻔했다가 살아난 니본의 아내를 꼭 만나보고 싶어 초청에 응하기로 했다.

방글라데시 다카 공항에 내리니 니본이 렌터카로 우리를 마중 나왔다. 반갑게 인사를 나누고 우리는 공항에서 약 20킬로미터 떨어진 니본의 집으로 향했다. 니본의 집은 4층 빌라였다. 2층과 3층은 세를 준 것 같은데 1층이 좀 이상했다. 집으로 사용하려고 지은 것 같기는 한데 문도 달려 있지 않고 콘크리트 기둥만 서 있었다. 궁금해서 니본에게 이유를 물어보았다.

"여긴 왜 사람이 안 살지?"

"일 년에 한 번씩 인도에서 홍수가 나는데 그 물이 방글라데시까지 흘러와요. 여기에는 비 한 방울도 안 오는데 홍수가 나는 거죠. 그때 여기 1층까지 물이 들어와요. 그래서 할 수 없이 2층부터 사용하고 있어요."

'참 희한한 일도 있구나'라고 생각하며 4층에 있는 니본의 집에 도착했다. 반갑게 문을 열어 주는 여인이 있었는데, 그가 바로 인도에서 신장 이식수술을 하고 살아난 니본의 아내였다. 집이 사람들로 북적대는 걸 보니 서울에서 상사가 왔다는 소식에 니본의 친척들까지 전부 모인 모양이었다.

다 함께 모여 식사를 하려고 하는데 밥상 위에 놓인 달걀 프라이가 눈에 띄었다. 죽기 직전에 살아난 니본의 아내가 이 달걀 프라이를 만들었을 거라고 생각하니, 잠시 살다 이슬처럼 사라지는 인생을 돌아보시고 그냥 내버려 두면 죽을 수밖에 없는 저 여인을 고쳐 주신 절대자 하나님께 감사드리고 싶었다. 그래서 모인 사람들에게 허락을 받고 내가 하나님께 감사의 식사기도를 올려 드렸다.

다음 날 니본은 우리를 붉은 벽돌을 만드는 곳으로 안내했다. 그런데 벽돌공장이라고 데려간 곳에 공장은 없고 높은 굴뚝만 덩그러니 서 있었다. 말을 들어보니 여기서 벽돌을 만드는 것에도 기막힌 사연이 있었다.

일 년에 한 번 있다는 홍수는 방글라데시에 피해만 주는 것이 아니었다. 인도에서 홍수가 밀려올 때 그 땅의 질 좋은 진흙도 함께 밀려오는데 방글라데시 사람들은 그것으로 벽돌을 만들고 있었다. 벽돌을 만드는 과정도 흥미로웠다. 먼저 진흙을 틀에 넣어 벽돌 모양으로 만든 후, 평평한 땅에 10센티미터씩 간격을 두고 늘어놓는다. 그런 다음 방글라데시에 많이 나는 천연자원인 '코크스' 가루로 벽돌과 벽돌 사이를 메우고 그 위에 다시 마른 흙을 덮는다. 마지막으로 코크스 가루에 불을 붙이면 코크스가 고열을 전달해서 수만 개의 진흙 벽돌이 단단한 붉은 벽돌로 구워진다. 그리고 며칠 후 흙을 걷어 내면 훌륭한 건축 자재인 벽돌이 탄생하는 것이다. 또한 방글라데시에서는 밥벌이하려는 어린이들을 동원해서 이 벽돌을 망치로 깨뜨려 인공 자갈을 만든다고 했다. 자갈이 나지 않는 땅이어서 건축공사에 필요한 물량을 이런 방법으로 충당하고 있었다.

해마다 찾아오는 홍수 자체는 분명 안타깝고 고통스러운 일이지만, 하나님은 그것이 방글라데시에 복이 되도록 역사하고 계셨다. 홍수가 가져다주는 붉은 흙을 통해 이 나라에 벽을 쌓을 벽돌은 물론 그와 관련된 일자리까지 제공하신 것이다.

우리나라에도 해마다 찾아오는 태풍은 나라와 사회 전반에 큰 피해를 입힌다. 태풍의 규모와 세기에 따라 인명 손실도 엄청나다. 하지만 태풍은 바닷물을 뒤집고 순환시켜 해조류를 자라게 하고, 물고기들이 플랑크톤을 먹을 수 있게 해주며, 인간 사회에 필요한 비를 공급한다. 하나님은 우리 인생에서도 이와 비슷한 방법으로 역사하신다. 우리에게 보이는 것만 놓고 판단하면 남는 것은 절망뿐이다.

우리는 이것을 꼭 알아야 한다. 어렵고 고통스러운 시간이라도, 아무리 아프고 고통스러워도 그 시간이 지나가면 주 안에서 모든 것이 협력하여 선을 이룰 거라는 사실이다. 이것을 믿어야 한다. 순간순간 괴롭고 힘들지만 마지막에는 모든 것에 대하여 참 의미를 깨닫고 감사하며 찬양하게 될 것이다. 악하고 부조리하고 더러운 모든 것이 한데 어우러져 선한 결과로 빚어질 것이다. 살아계신 하나님이 우리 삶 가운데 능력으로 함께 하시기 때문이다. 이것이 바로 모든 믿는 자에게 주어진 소망이다.

내 인생에도 수도 없는 환난과 고통의 골짜기가 있었다. 뉴질랜드 가족여행에서도 나는 갑자기 닥쳐온 어처구니없는 상황 앞에서 나의 머리와 기계의 힘으로 살아 보겠다고 몸부림쳤었다. 차가 모래 속에 처박혔을 때, 내게는 나를 바라보는 어린 손녀의 맑은 눈만 보였다. 내 가족을 지켜야 한다는 생각에 차를 빼내는 데만 열중했다. 하지만 차는 그런 나를 비웃듯 모래 속에 더 깊이 주저앉아 버렸다.

'이제는 다 틀렸구나.'

더 이상 할 수 있는 것이 없다고 느껴지는 순간 곧바로 절망이 찾아왔다.

하지만 그 순간에도 하나님은 모든 것이 협력하여 선을 이루도록 일하고 계셨다. 우리와 아무 상관없는 사람과 상황들이 퍼즐처럼 한데 맞춰지도록 역사하셨다. 아내와 딸이 그의 집 근처에 왔을 때 마오리 여인이 집에 돌아온 것도 그렇고, 휴가 중인 소방관 부부가 약속 장소에 가기 위해 마오리 여인의 집 앞을 바로 그때 지나간 것도 그렇다. 이 모든 것이 기적처럼 맞아떨어졌고 그 결과 우리 가족이 위기에서 구원받을 수 있었다. 이렇게 우리의 구원 되시고 생명 되시는 어떻게 주님께 감사드리지 않을 수 있겠는가! 주님, 감사합니다.

여의도로 돌아오다
억울한 누명
나의 힘 되신 하나님만 의지하며
누명을 벗겨 주신 하나님
하나님의 공의가 이루어질 때
너, 아브라함 같은 믿음의 사람이여

CHAPTER
6

하나님 앞에서 믿고 바라며

• CHAPTER 6 •

하나님 앞에서
믿고 바라며

여의도로 돌아오다

안산에 지성전이 세워지자 많은 변화가 일어나기 시작했다. 이 지역에 살고 있는 장로님들이 산본 엘림복지타운에서 이곳으로 왔고, 본 교회에서도 교역자들과 신임 장로님들을 많이 보내 주었다. 그렇게 새로운 선교지 안산 성전은 짜임새 있게 구성되며 차츰 안정되기 시작했다.

나는 청년부 부장과 – 당회장 목사님의 요청에 따라 – 남선교회 지회장을 역임한 뒤, 나를 엘림복지타운으로 파견했던 여의도 직할 성전으로 돌아오게 되었다. 그동안 지성전에 파견되어 힘겹게 장로 훈련을 받았던 모든 순간들이 주마등처럼 지나갔다. 외롭고 어려운 시절이었지만 하나님은 내 사업을 잘 지켜 주셨다. 온풍기 사업도 잘되고 공장도 잘 돌아갔다. 너무나 감사한 일이었다.

여의도직할 성전에 돌아온 나는 주일학교 초등부를 섬기고 싶었다. 영적으로 때 묻은(?) 어른들과 달리 아이들은 순수하고 맑은 영혼을 갖고 있었다. 격렬한 경기를 치르고 나온 운동선수가 평온한 쉼을 구하듯 그들의 순수하고 맑은 눈동자 속에 파묻혀 조용히 지내고 싶었던 것이다. 그래서 다들 맡고 싶어 하지 않는 초등부 부장을 자청했다.

당시 초등부를 담당했던 이명숙 전도사님은 어린이들을 천사처럼 보살폈다. 그는 정말 귀한 사역자이자 동역자였다. 어린이를 전심으로 사랑했고 율동도 잘 가르쳤다. 나는 아이들과 함께 율동하는 것이 너무 즐거워서 일주일 내내 초등부 예배를 기다렸다. 어린이들이 교회에 올 시간이 되면 교사들은 성심을 다해 그들을 따뜻하게 안아 주었다. 그래서인지 아이들은 늘 기쁜 맘으로 달려오곤 했다. 나도 그런 모습을 지켜보며 '이 아이들이 장차 하나님 나라와 우리 교회의 주인공인데 성심을 다 해야겠다.'고 마음먹었다.

한번은 야외예배를 드리러 강 둔치에 가는데 손가락 하나당 아이 한 명씩 붙잡고 걷느라 몸을 낮춰 걸어야 했다. 불편하긴 해도 마음은 행복했다. 한참 걷고 있는데 다른 아이가 와서 친구가 잡은 내 손가락을 빼앗아 자기가 잡고 간다. 나도 즐거웠고 학부모들도 흐뭇해했다. 예배시간에는 서로 심하게 장난도 치지만, 설교시간에는 말씀을 열심히 듣는 아이들이 예쁘고 사랑스러웠다.

그중에도 기억에 남는 아이가 있다. 그 아이는 누가 안아 주고 사랑해 줘도 늘 뿌리치고 혼자 앉아 예배드리는 친구였다. 어느 주일날 예배시간에 일부러 그 아이 옆에 앉았다. 아이의 어깨에 손을 올렸더니 몸을 빼고 슬그머니 옆으로 피했다. 그래도 웃어 주었더니 잠시 후 나를 멀거니 쳐다보던 아이가 내 손을 꼭 잡으며 씩 웃었다. 다음 주일에 그 아이는 자기를 기다리던 나를 알아보고 처음으로 내 품에 안겼다. 알고 보니 아빠가 없는 아이였다. 그 아이는 점점 밝아졌고 출석률도 전보다 좋아졌다.

아이들 생각이 날 때마다 나는 이런 마음으로 열심히 기도했다.

'미래는 아직 희미하지만 10여 년 후 저 아이들은 신앙인이 되어 대학도 가고 결혼도 하고 이 사회에 쓸모 있는 사람들이 되어 있을 것이다. 그것을 위해 지금 내가 기도해 주자.'

억울한 누명

얼마 지나지 않아 장립 받은 순서가 되어 여의도직할성전 지구장으로 교회를 섬기게 되었다. 여의도의 본 교회 맞은편에 위치한 직할성전에는 40여 명이나 되는 장로님들이 등록되어 있었다. 매년 열리는 지성전 축복성회도 항상 이곳부터 시작하곤 했다. 지구장 2년 차 때 교회의 리모델링 준비를 맡아 예산까지 승인 받았는데, 하루는 당시 직할성전 담임목사님이 나를 따로 불러 뭔가를 부탁하셨다. 미래에 교회의 기둥이 될 젊은 청년들과 교회학교를 위한 교육관이 부족하니 그들을 위한 교육관으로 사용할 수 있는 건물이나 교육관을 세울 부지를 여의도 안에서 찾아봐 달라는 것이었다.

직할성전 주변 건물부터 알아봤지만 교육관으로 쓸 수 있는 넓은 공간은 없었고, 건물을 세울 만한 곳은 공군부대의 테니스장과 학교 부지로 되어 있는 땅 5천 평이 전부였다. 학교 부지는 한국토지개발공사와 한국자산관리공사가 절반씩 소유하고 있었다. 학교 부지 쪽으로 가능성을 타진해 보니 한국자산관리공사 측에서 매매 의사가 있다는 연락이 왔다. 즉시 담임목사님에게 내가 알아본 내용을 공문으로 상세히 보고했다. 구입 여부와 집행은 절차상 본 교회의 재산 및 재정관리위원회에서 처리할 일이기에 직할성전에서는 더 이상 관여하지 않기로 직할성전 담임목사님과 약속했다. 그 후 본 교회에서 교육관 부지 구입을 결정하고 총무부를 통해 계약이 이루어졌다.

두 달 정도 지났을까. 교육관 부지 계약을 주선했던 안수집사님으로부터 만나자는 연락이 왔다. 집 근처 커피숍에서 그를 만났는데 대뜸 이런 이야기를 꺼냈다.

"장로님께서 평소 어려운 교회들을 많이 도와주신다고 들었습니다. 많지 않습니다만 이것도 거기에 보태 써주시면 좋겠습니다."

그리고 누런 봉투를 건네주는데 안에 돈이 들어 있었다. 액수는 3천만 원이었다.

"이게 뭔가요? 교회 일을 하면서 돈을 받을 수는 없습니다."

"이상하게 생각하지 마세요. 하나님 나라 사업에 쓰시라고 드리는 겁니다."

우리 교회 성도들의 헌금은 대부분 어려운 형편 속에서 힘들게 번 돈이다. 그렇다면 이것은 내가 아니라 하나님이 쓰셔야 할 돈이다. 그 집사님과 헤어진 뒤에 '이 돈을 하나님께 돌려 드려야겠다' 싶어 당시 교회 재정위원장으로 섬기시던 이진남 장로님에게 전화를 걸었다. 이 장로님은 예산과 지출 관리를 탁월하게 하시는 분이었다.

"이 장로님. 지난번 교육관 부지 계약을 주선했던 안수집사님이 미자립 교회 돕는 데 보태라고 제게 3천만 원을 주고 갔습니다. 하지만 성도들이 없는 살림에 어렵게 내놓은 돈이라 교회에 드리고 싶은데 어떻게 해야 할까요?"

"네. 잘 생각하셨어요. 그 돈 가지고 장로실로 오세요. 이번 주일에 만나서 이야기합시다."

주일 아침, 교회에 도착하자마자 이진남 장로님을 찾아갔다.

장로실에서 만난 우리는 함께 장로 회장실로 가서 당시 장로 회장으로 섬기시던 허동진 장로님에게 자초지종을 설명했다. 허 장로님은 활짝 웃으며 내게 이렇게 말씀하셨다.

"김 장로님. 참 잘 생각하셨습니다."

그리고는 이진남 장로님에게는 "이 돈은 오늘 중으로 경리국에 보내 주세요."라고 하셨다. 대화를 마치고 돌아서는데 기쁘고 마음도 가벼웠다.

얼마 후에 2년 동안 섬겨온 여의도직할성전 지구장 직분을 내려놓고 홀가분한 마음으로 본 교회의 아침 장로예배에 참석했는데 말도 안 되는 이야기를 듣게 되었다. 누군가 내게 억울한 누명을 씌워 말을 퍼뜨리고 있었던 것이다. "교육관 부지를 구입할 때 중간에서 1억 원을 받았다. 어떤 장로가 1억 원이 아니라 3억 원을 받고 십일조로 3천만 원을 헌금했다. 그렇게 챙긴 돈으로 외제차를 타고 다닌다."는 사실 무근의 억측이 난무하면서 다들 등 뒤에서 나를 두고 수군대고 있었다. 너무 억울하고 어처구니없었지만 출처 없이 떠도는 헛소문에 딱히 대응할 길이 없었다. 오직 모든 것을 아시는 하나님께 기도로 매달릴 수밖에 없었다.

소문은 매주 빠르게 번져 나갔고 나중에는 모든 장로가 그렇게 생각하는 것 같았다. 나중에 알게 된 사실이지만 그 소문은 여의도직할성전의 몇몇 장로들의 입에서 흘러나와 본 교회까지 퍼진 것이었다. 이제는 교회에 가면 다른 장로들이 수군대며 나를 일부러 모른 체하는 것이 보였다. 장로 장립 동기이자 평소에도 친했던 어떤 장로는 나와 대화하던 중에 슬그머니 자리를 피하려고 했다.

"이보게. 이야기하다 말고 어디 가나."

내가 붙잡자 그가 이렇게 말했다.

"저기 있는 장로님이 '교회 돈 먹은' 장로와는 말도 섞지 말라고 했어."

그러면서 나를 뿌리치고 가버리는 것이었다.

그의 말과 행동에 큰 상처를 입은 나는 더 이상 참을 수 없었다. 너무 억울해서 이 일을 그대로 덮어 두면 안 되겠다는 생각에 무작정 장로실 윤리위원회를 찾아갔다. 윤리위원회 위원장 장로님에게 자초지종을 설명하고 억울한 사정을 해결해 주십사 부탁드렸다. 하지만 그 장로님은 한술 더 떠 내게 이렇게 말했다.

"장로님 부탁은 현재 3순위밖에 안 됩니다. 이 사건은 이미 담임목사님이 알아보라고 말씀하셔서 벌써 조사 중에 있습니다."

그러면서 그는 내게 A4지 한 장을 내놓았다. 거기에는 '교회를 사모하는 이들'의 이름으로 다음과 같은 내용이 적혀 있었다.

교육관 부지 매입과 관련해서 김학재 장로와 직할성전 담임목사와 안수집사가 15억 원을 커미션으로 받아 내서 각각 5억 원씩 나눠 가졌다. 김학재 장로가 이 모든 사실을 시인했다.

하늘이 무너지는 것 같았다. 나만 몰랐을 뿐, 이 소문은 장로실을 넘어 교회 전체에까지 큰 문제로 확대되고 있었다.

나의 힘 되신 하나님만 의지하며

그 일이 있은 후 며칠 동안 정말로 미칠 것 같았다. 도대체 내가 무슨 잘못을 했기에 이렇게 억울한 일을 겪는 걸까? 교인들의 피 같은 헌금을 하나님께 돌려 드렸을 뿐인데 왜 이런 일이 생긴 걸까?

낙심 가운데 성경을 붙잡았다. 한참을 읽고 있는데 출애굽기 말씀에 눈길이 멈췄다.

> 여러 해 후에 애굽 왕은 죽었고 이스라엘 자손은 고된 노동으로 말미암아 탄식하며 부르짖으니 그 고된 노동으로 말미암아 부르짖는 소리가 하나님께 상달된지라 하나님이 그들의 고통 소리를 들으시고 하나님이 아브라함과 이삭과 야곱에게 세운 그의 언약을 기억하사 하나님이 이스라엘 자손을 돌보셨고 하나님이 그들을 기억하셨더라(출 2:23-25)

이스라엘 민족이 처음부터 애굽의 노예로 살았던 것은 아니다.

그들은 자기들만의 구역에서 자유민으로 살았다. 하지만 세월이 흘러 이스라엘 민족에게 적대적인 왕이 집권하게 되면서 졸지에 건설 노예로 전락하고 만다. 민족의 씨를 말리려는 잔혹한 짓까지 겪어야 했지만 그들이 할 수 있는 것은 하나님께 살려 달라고 부르짖는 것뿐이었다. 바로 그때 놀라운 일이 일어난다. 아무도 - 부르짖은 당사자들도 - 몰랐지만 그들의 부르짖음이 하나님께 가 닿은 것이다. 그래서 하나님은 이스라엘 민족이 처한 현실 가운데 적극적으로 개입하셨다.

하나님은 우리를 돌보시는 분이다. 하나님께 부르짖을 때 우리는 이 진리를 강하고 분명하게 경험할 수 있다. 나도 살아 계신 하나님을 믿는다. 그분은 이미 나의 이 고난을 알고 계실 것이다. 그래서 나는 아내와 함께 매일 새벽예배로 나아가 하나님께 부르짖기 시작했다. 이스라엘 민족이 그랬던 것처럼 내게도 다른 방법이 없었기 때문이다.

나는 교회와 집과 회사에서, 그리고 걸어 다닐 때도 이 말씀을 끊임없이 암송했다.

> 나의 힘이신 여호와여 내가 주를 사랑하나이다 여호와는 나의 반석이시요 나의 요새시요 나를 건지시는 이시요 나의 하나님이시요 내가 그 안에 피할 나의 바위시요 나의 방패시요 나의 구원의 뿔이시요 나의 산성이시로다 내가 찬송 받으실 여호와

께 아뢰리니 내 원수들에게서 구원을 얻으리로다(시 18:1-3)

그동안 내 인생에 힘이 되신 분은 오직 주님뿐이었기에 나는 이 말씀을 하나님이 주신 것으로 굳게 믿고 입에 달고 다녔다.

누명을 벗겨 주신 하나님

나와 관련된 소문에 대한 조사가 시작되었다. 윤리위원회에서는 먼저 나를 불러 내가 억울함을 호소한 내용에 대한 사실 확인에 들어갔다. 나는 사실 그대로 대답했다. 그다음에는 내게 돈을 준 안수집사가 불려 왔다. 그는 자신이 준 돈의 액수가 3천만 원이라는 것을 확인해 주었다. 그리고 마지막으로 경리국에 입금된 돈의 액수가 3천만 원이라는 것까지 확인되자 내 말이 사실이라는 것이 밝혀지게 되었다.

그동안 교회에 떠돌던 소문이 사실이 아니었다는 것을 알게 된 윤리위원회에서는 처음 직할성전에서 이런 이야기를 퍼뜨린 장로들을 불러 조사하기 시작했다.

"진상을 조사해 본 결과, 김학재 지구장님은 소문의 내용과 같은 행동을 한 일이 없는데 왜 그런 근거 없는 이야기를 퍼뜨렸습니까?"

윤리위원회의 질문에 그들은 이렇게 대답했다고 한다. 정말 무

책임한 답변이었다.

"그런 소문이 들리기에 저도 그런 줄 알았습니다."

말로만 듣던 '카더라통신'이었다. 교회 장로라는 사람들이 확인되지도 않은 내용을 아무 생각 없이 남에게 전했다는 것이 - 그 소문이 퍼졌을 때 어떤 일이 벌어질지 뻔히 알면서도 - 너무 놀랍고 황당했다. 이런 일을 당해 보니 정말로 사람이 말 때문에 죽을 수도 있겠다는 생각이 들었다. 진실이 드러났지만 너무 허탈하고 허무했다. 그동안의 소문들 때문에 이미 나는 교인들에게 뭔가 불미스러운 일에 연루된 사람으로 인식되어 있었다. 땅바닥에 쏟아진 물을 다시 주워 담을 수 없듯, 한번 만들어진 나쁜 이미지는 바로 잡을 길이 없었다.

사건은 일단락되었지만 내 마음에는 깊은 상처가 남아 있었다. 그러던 어느 날, 하나님은 찬양과 노래를 통해 내 마음을 만지기 시작하셨다. 바로 장로찬양단 활동을 통해서였다. 화요일마다 있는 장로찬양단 연습은 내게 마음속 상처를 치유하는 시간이었다. 과거와 현재의 그리스도인 음악가들이 가사와 곡조에 담아 하나님께 드린 믿음의 고백은 내 심령 가운데 은혜의 단비가 되어 주었다.

그렇게 찬양의 은혜에 빠져 열심히 연습을 계속하던 어느 날 찬양단 연말 총회에서 신임 단장 선거가 있었다. 그런데 의외의 추천으로 세 명의 단장 후보 중 한 명이 되고 말았다.

'추천해 준 사람에게는 고맙지만, 단장이 되는 것에 대해 한 번

도 생각해 본 적 없고 찬양의 능력도 부족한 내가 어떻게 그 자리를 맡을 수 있겠어?'

이런 생각으로 덤덤하게 표결을 지켜보는데 생각지도 않은 일이 일어났다. 압도적인 표 차이로 내가 신임 단장에 뽑힌 것이다. 당선 소감을 나누라고 하기에 아직도 마음이 울적하고 침체되어 있는 터라 단장직을 사양하려고 앞으로 나갔다. 그런데 갑자기 '혹시 여기에 하나님의 뜻이 있으신 것은 아닐까.'라는 생각이 들어 머뭇거리다 나도 모르게 "열심히 하겠습니다."라고 인사해 버렸다.

그런데 이상하게도 다른 산하 기관의 신임 임원들에 대한 발령은 모두 끝났는데 유독 장로찬양단 신임 단장 발령만 처리되지 않고 있었다. 무슨 이유에선지 장로회 쪽에서 시간을 끌고 있는 것 같았다. 장로찬양단의 고문과 자문, 원로들은 단장 발령을 요청하러 장로회장을 찾아갔다. 알고 보니 발령이 늦어지는 것은 얼마 전에 있었던 나와 관련된 소문 때문이었다. 나와 관련된 소문이 모두 사실무근이라는 윤리위원회의 조사 결과가 장로회 쪽에 전달되지 않았기 때문에 빚어진 일이었다. 하지만 덕분에 장로회에서도 윤리위원회의 조사 결과를 알게 되었고 자연스럽게 나에 대한 모든 의혹을 해소할 수 있었다. 그리고 얼마 후 나는 모든 장로들이 참석하는 주일 아침 장로회 예배에서 발령이 늦어진 전도실장 장로와 함께 찬양단 단장 임명장을 받게 되었다. 그날 2부 예배를 마치고 나오는데 선배 장로님 한 분이 다가와 내 어깨를 살며시 안아 주었다.

"김 장로. 나도 윤리위원회 결과를 어제야 알았어. 그동안 많이 힘들었지? 나도 미안했네."

장로찬양단 단장으로 임명된 뒤부터 나를 바라보는 다른 장로들의 시선이 많이 부드러워진 것을 느낄 수 있었다. 천여 명 장로들을 한 사람씩 찾아다니며 억울함을 호소했다 해도 이렇게까지 한순간에 그들의 마음을 돌려놓지는 못했을 것이다. 그제야 나는 하나님이 한 번도 생각해 본 적 없는 장로찬양단 단장 자리에 나를 앉히신 이유를 깨닫게 되었다. 하지만 그게 전부가 아니었다. 하나님은 장로찬양단과 나를 통해 영광 받기 원하셨다.

신년하례식을 시작으로 1월부터 국회 조찬기도회에서의 찬양, 한국 기독교 문화유물 보존 예배, 춘천 교도소 찬양예배 같은 사역들이 줄을 이었다. 그 외에도 장로찬양단 화보를 발간하고 광림교회 한국 남성합창제에 참가하는 등 많은 행사를 감당했다. 무엇보다 감사한 것은 여의도순복음교회 장로찬양단 제7회 연주회를 여의도순복음교회 대성전에서 2만여 성도, 그리고 전통 있는 인천 장로성가단과 함께한 일이다. 우리는 이 찬양 축제를 통해 하나님께 큰 영광을 돌려 드렸다. 좋으신 하나님. 참 좋으신 나의 하나님. 나의 하나님. 등 뒤에서 언제나 나를 지켜보신 하나님, 정말 감사합니다.

예수님은 포기하거나 낙심하지 말고 항상 기도해야 한다고 말

쓸하셨다(눅 18:1). 그리고 불의한 재판장에게 끈질기게 도움을 요청하는 한 과부의 이야기를 들려주셨다.

> 이르시되 어떤 도시에 하나님을 두려워하지 않고 사람을 무시하는 한 재판장이 있는데 그 도시에 한 과부가 있어 자주 그에게 가서 내 원수에 대한 나의 원한을 풀어 주소서 하되 그가 얼마 동안 듣지 아니하다가 후에 속으로 생각하되 내가 하나님을 두려워하지 않고 사람을 무시하나 이 과부가 나를 번거롭게 하니 내가 그 원한을 풀어 주리라 그렇지 않으면 늘 와서 나를 괴롭게 하리라 하였느니라(눅 8:2-5)

당시 중동 문화에서 여성은 사람대접을 받지 못했다. 게다가 이 비유의 주인공은 그의 편을 들어줄 사람이 아무도 없는 과부였다. 십중팔구 그는 자신을 도와줄 누군가를 고용할 경제적 능력도 없었을 것이다. 그런데도 과부는 불의한 재판장의 마음을 움직여 자신의 원한을 푼다. 그렇게 할 수 있었던 것은 포기할 줄 모르는 그의 끈기 덕분이었다.

이 이야기의 끝부분에 예수님은 우리에게 정말로 하고 싶었던 메시지를 던지신다.

주께서 또 이르시되 불의한 재판장이 말한 것을 들으라 하물며 하나님께서 그 밤낮 부르짖는 택하신 자들의 원한을 풀어 주지 아니하시겠느냐 그들에게 오래 참으시겠느냐 내가 너희에게 이르노니 속히 그 원한을 풀어 주시리라 그러나 인자가 올 때에 세상에서 믿음을 보겠느냐 하시니라(눅 18:6-8)

사실 이 비유의 의미는 포기하지 않고 계속 기도하면 원하는 것을 얻을 수 있다는 것이 아니다. 예수님은 인자가 올 때에도 이 세상에서 믿음을 보고 싶다고 말씀하신다. 이것은 어떤 믿음인가? 하나님이 밤낮 부르짖고 있는 택하신 자들의 원한을 속히 풀어 주실 거라는 믿음이다. 하나님의 공의가 개인과 공동체와 세상 가운데 세워질 것에 대한 믿음이다. 낙심하지 않고 끊임없이 기도하는 자들은 개인의 소원 성취나 문제 해결과 비교할 수 없는 더 크고 거대한 것을 얻게 될 것이다. 그것은 바로 하나님의 공의다. '교회 돈 먹은 장로'라는 오명을 통해 하나님의 뜻을 경험하게 하신 것도 그분의 공의였다.

하나님의 공의가 이루어질 때

성경은 하나님이 공의로운 분이라고 이야기한다.

그는 반석이시니 그가 하신 일이 완전하고 그의 모든 길이 정의롭고 진실하고 거짓이 없으신 하나님이시니 공의로우시고 바르시도다(신 32:4)

오직 만군의 여호와는 정의로우시므로 높임을 받으시며 거룩하신 하나님은 공의로우시므로 거룩하다 일컬음을 받으시리니 (사 5:16)

너희가 자기를 위하여 공의를 심고 인애를 거두라 너희 묵은 땅을 기경하라 지금이 곧 여호와를 찾을 때니 마침내 여호와께서 오사 공의를 비처럼 너희에게 내리시리라(호 10:12)

환난을 받는 너희에게는 우리와 함께 안식으로 갚으시는 것이 하나님의 공의시니 주 예수께서 자기의 능력의 천사들과 함께 하늘로부터 불꽃 가운데에 나타나실 때에(살후 1:7)

하나님은 이 세상 모든 것을 그분의 의로우신 뜻대로 다스리신다. 뿌린 그대로 자라나고 심은 그대로 거두게 하신다. 그 행위에 따라 모든 사람을 선악 간에 심판하신다. 좌로나 우로나 치우치지 않고 베푼 선과 저지른 악의 경중에 따라 복과 벌을 주신다. 작은 것 하나까지 놓치지 않고 올바로 보응하신다.

하지만 선한 이들이 피해 받고 억압받으며 악한 자들이 잘되는 불의한 현실 앞에서 우리는 하나님이 진정 공의로운 분인지 의심하고 반문하게 된다.

나 역시 그랬다. 근거 없는 소문으로 누명을 쓰고 괴로워할 때, 내가 느낀 것은 억울함과 복수심이었다. 만약 그때 울컥하는 마음에 분쟁을 일으켰다면 사탄이 원하는 대로 그리스도의 몸에 흠집을 내고 덕을 깨뜨리는 결과만 만들었을 것이다. 지금 돌아보면 당시 사람의 이해를 구하지 않고 하나님께 나아가 그분이 해결하실 것을 기다렸던 것이 얼마나 다행스런 일인지 모른다. 나는 공의로운 하나님이 내 원통함을 직접 풀어 주실 것을 믿었고, 하나님은 상상할 수 없는 방식으로 가장 아름답고 덕스럽게 내 믿음에 응답해 주셨다. 하나님은 일의 결말이 다가올 때까지 그분에게 억울함을 호소하는 이들을 죄악에서 보호하시고, 마침내 살아 계신 하나님의 영광과 능력을 바라보며 찬양하게 하셨다.

억울한 일을 당할 때 하나님은 우리에게 기다리라고 말씀하신다(잠 20:22). 공의의 하나님을 신뢰하며 그분이 어떻게 공의를 온전히 이루시는지 지켜보라는 것이다. 하지만 기다리는 것은 우리가 가장 힘들어 하는 것 중 하나다. '중중 조급증(?)' 환자들인 우리가 도대체 무엇을 바라보고 어떻게 결말의 때까지 견뎌낼 수 있단 말인가? 나는 그 증거를 먼 옛날 믿음의 조상인 아브라함의 이야기에서 찾을 수 있었다.

아브라함은 아들을 주시겠다는 하나님의 약속을 기다리다 할아버지가 되었다. 이제는 생물학적으로 더 이상 아이를 낳을 수 없다. 하지만 달라진 것은 하나도 없었다. 그에게는 여전히 자식이 없었다. 결국 기다림에 지친 그는 자신의 종인 엘리에셀을 상속자로 삼기로 마음먹는다. 창세기 15장은 하나님이 이렇게 결단한 아브라함에게 다시 나타나신 이야기다.

하나님은 이제는 현실을 생각해야겠다는 아브라함을 천막 밖으로 불러내 밤하늘을 올려다보라고 말씀하셨다.

> 그를 이끌고 밖으로 나가 이르시되 하늘을 우러러 뭇별을 셀 수 있나 보라 또 그에게 이르시되 네 자손이 이와 같으리라
> (창 15:5)

그런데 놀랍게도 아브라함은 다시 하나님의 약속을 붙잡는다.

> 아브람이 여호와를 믿으니 여호와께서 이를 그의 의로 여기시고(창 15:6)

하나님은 이 믿음을 아브라함의 의로 여기셨다(롬 4:2-3). 하지만 기다림에 지쳐 있던 아브라함은 하나님께 그분의 약속이 이루어질 것을 믿을 수 있는 징표를 요구한다. 그래서 하나님은 아브라

함과 아주 기묘한 의식을 행하신다.

> 여호와께서 그에게 이르시되 나를 위하여 삼 년 된 암소와 삼 년 된 암염소와 삼 년 된 숫양과 산비둘기와 집비둘기 새끼를 가져올지니라 아브람이 그 모든 것을 가져다가 그 중간을 쪼개고 그 쪼갠 것을 마주 대하여 놓고 그 새는 쪼개지 아니하였으며 솔개가 그 사체 위에 내릴 때에는 아브람이 쫓았더라
> (창 15:9-11)

모든 준비를 마친 아브라함은 하나님의 임재를 기다린다. 아마 그는 하나님 앞에서 자신의 믿음을 다시 한 번 맹세하는 자리가 될 거라고 생각했을 것이다. 그런데 하나님이 나타나지 않으신다. 날은 저물고 짐승을 잡고 다듬느라 피곤했던 아브라함은 어느새 꾸벅꾸벅 졸고 있다. 바로 그때 하나님이 찾아오셨다.

> 여호와께서 아브람에게 이르시되 너는 반드시 알라 네 자손이 이방에서 객이 되어 그들을 섬기겠고 그들은 사백 년 동안 네 자손을 괴롭히리니 그들이 섬기는 나라를 내가 징벌할지며 그 후에 네 자손이 큰 재물을 이끌고 나오리라 너는 장수하다가 평안히 조상에게로 돌아가 장사될 것이요 네 자손은 사대 만에 이 땅으로 돌아오리니 이는 아모리 족속의 죄악이 아직 가득

차지 아니함이니라 하시더니 해가 져서 어두울 때에 연기 나는 화로가 보이며 타는 횃불이 쪼갠 고기 사이로 지나더라

(창 15:3-17)

하나님은 지금까지와 달리 아브라함에게 주시는 약속을 매우 구체적으로 설명하셨다. 그리고 그것을 아브라함 앞에서 이해할 수 없는 방법으로 표현하셨다.

당시 중동 지방에는 정복국과 피정복국 사이에 주인과 종의 계약을 맺을 때, 짐승의 사체를 절반으로 쪼개 놓고 피정복국의 지도자가 엎드려 그 사이로 지나갔다고 한다. 정복국과의 약속을 어겼을 때 자기도 이 짐승들처럼 찢겨 죽겠다는 선언이었다. 하나님이 아브라함에게 준비하게 하신 것도 이 의식이었다. 그런데 쪼개 놓은 제물 사이를 지나간 것은 아브라함이 아니라 하나님이었다. 성경에서 '타는 횃불'은 하나님의 임재를 묘사한 것이다.

주인이신 하나님이 종인 아브라함 대신 제물 사이를 지나가셨다는 것은 무슨 의미인가? 아브라함에게 하신 약속이 성취되지 않으면 하나님 자신이 이 제물들처럼 처참하게 돌아가시겠다는 것이다. 하나님은 이것을 약속의 징표로 아브라함에게 보여 주신 것이다. 그리고 아브라함의 믿음의 후손인 우리에게도 동일하게 보여 주신 것이다. 이것이 예수님의 십자가 대속 사건을 예언하는 사건이기 때문이다.

우리는 하나님과의 약속을 깨뜨리고 의로워질 수 있는 모든 가능성과 자격을 잃어버렸다. 우리는 결코 의롭게 될 수 없다. 이렇게 하나님의 거룩한 기준을 만족시킬 수 없기에 하나님의 심판을 면할 수 있는 사람은 아무도 없다. 그런데 하나님은 우리를 사랑하신다. 그런 분이 어떻게 좌로나 우로나 치우치지 않고 온전히 공의를 이루신다는 걸까? 어떻게 우리 죄에 대한 책임을 묻지 않으면서 우리에게 그분의 거룩하심을 드러낼 수 있다는 말인가.

하나님은 쪼개 놓은 짐승의 사체 사이를 친히 지나시기로 결정하셨다. 하나님의 독생자 예수 그리스도가 친히 십자가 위해서 우리가 저지른 죄의 대가를 치르신 것이다. 약속을 깨뜨린 것은 우리다. 우리는 불의를 저질렀다. 그런데 우리를 사랑하시는 주님이 십자가에 못 박혀 죽으심으로 하나님과 우리의 관계를 회복하셨다. 공의를 이루신 것이다. 이제 그 사실을 믿는 사람은 누구나 의롭게 된다. 하나님을 믿는 믿음 안에서 구원받아 의로운 존재로 변화되는 것이다. 그래서 예수님의 십자가는 하나님의 공의가 반드시 이뤄질 것을 신뢰할 수 있는 증거가 된다. 예수님 그분이 바로 하나님의 공의이기 때문이다. 그러므로 왜 하나님의 공의가 성취되지 않는지, 하나님의 공의가 성취되기는 하는 건지 의심이 생길 때마다 우리는 십자가를 바라봐야 한다. 욥이나 요나, 하박국 같은 성경 인물들도 처음에는 세상의 악과 불의 때문에 하나님께 "정말로 공의를 이루실 생각이 있으십니까? 공의를 이룰 능력이 있기는 한 겁니까?"라며 격하게 대들었다. 그러나 하나님을 경험한 뒤에는 다들 하나님의 공의가 이루어질 '그때'를 기다린다는 고백을 하게 되었다. 그때가 언제인지 자신은 알 수 없지만, 악은 벌을 받고 선은 보상 받는 하나님의 공의가 반드시 세워질 것을 믿음으로 바라보게 된 것이다. 하나님은 우리에게도 동일한 기다림을 요구하신다.

그러나 이것은 불의하고 부조리한 세상을 외면한 채 개인적인 꿈을 이루고 필요를 채우는 것에 만족하며 살라는 것이 아니다. 하나님이 우리에게 요청하시는 기다림은 하나님의 공의가 이루어질 그때를 바라보며 지금 자신이 서 있는 곳에서 믿음과 기도로 최선을 다해 치열하게 살아가는 것이다.

너, 아브라함 같은 믿음의 사람이여

하나님은 언제나 믿음의 사람을 찾으신다. 홀로 모든 것을 행하실 수 있는 분이 공의를 이루기 위해 견고한 믿음과 끈질긴 기도의 사람을 찾으시고 그들을 통해 역사하시는 것이다.

다시 아브라함을 생각해 보자. 그는 하나님의 부르셨을 때 순종하여 장래의 유업으로 받을 땅으로 나아갔다. 하지만 그는 목적지와 경로도 모른 채 무작정 순종한 것이다.

여호와께서 아브람에게 이르시되 너는 너의 고향과 친척과 아버지의 집을 떠나 내가 네게 보여 줄 땅으로 가라 내가 너로 큰 민족을 이루고 네게 복을 주어 네 이름을 창대하게 하리니 너는 복이 될지라 너를 축복하는 자에게는 내가 복을 내리고 너를 저주하는 자에게는 내가 저주하리니 땅의 모든 족속이 너로 말미암아 복을 얻을 것이라 하신지라 이에 아브람이 여호와의 말씀을 따라갔고 롯도 그와 함께 갔으며 아브람이 하란을 떠날 때에 칠십오 세였더라(창 12:1-4)

믿음으로 아브라함은 부르심을 받았을 때에 순종하여 장래의 유업으로 받을 땅에 나아갈새 갈 바를 알지 못하고 나아갔으며 (히 11:8)

또한 아브라함은 하나님의 약속을 붙잡기 위해 불가능한 현실을 거슬러야 했다.

아브라함이 바랄 수 없는 중에 바라고 믿었으니 이는 네 후손이 이 같으리라 하신 말씀대로 많은 민족의 조상이 되게 하려 하심이라(롬 4:18)

아브라함과 사라 부부의 나이와 신체적 상태만 놓고 보면 아이를 낳겠다는 것은 말도 안 되는 미친 짓이었다. 게다가 아브라함은 이토록 힘겹게 얻은 아들 이삭을 제물로 바치라는 하나님의 얼토당토않은 요구에도 초인적(?)인 순종을 보인다. 연기가 아니라 실제로 이삭을 죽이려고 했던 것이다.

> 아브라함은 시험을 받을 때에 믿음으로 이삭을 드렸으니 그는 약속들을 받은 자로되 그 외아들을 드렸느니라 그에게 이미 말씀하시기를 네 자손이라 칭할 자는 이삭으로 말미암으리라 하셨으니 그가 하나님이 능히 이삭을 죽은 자 가운데서 다시 살리실 줄로 생각한지라 비유컨대 그를 죽은 자 가운데서 도로 받은 것이니라(히 11:7-19)

그는 도대체 어떻게 이런 믿음을 끝까지 유지할 수 있었을까? 그것을 알기 위해서는 아브라함이 무엇을 믿고 있었는지 그 내용을 살펴봐야 한다. 먼저 아브라함은 하나님이 살아 역사하시는 분임을 믿고 있었다. 눈으로 볼 수는 없지만 하나님이 자신과 인격적인 관계를 맺을 수 있는 존재임을 알았다는 말이다. 또한 아브라함은 하나님이 말씀하신 바를 반드시 이루실 분임을 믿었다. 당장 손에 잡히는 것은 없지만 하나님이 신실한 분이기에 그분의 약속 또한 신실하게 이루어질 것을 알았던 것이다. 그리고 아브라함은 하나님이 아무 한계도 없으신 전지전능한 분임을 믿었다. 무엇이 옳고 무엇이 그른지, 어떤 것이 우리를 위한 것이며 어떤 것이 우리를 해치는 것인지 정확하게 아시며 그 옳은 바를 행할 능력을 가진 분임을 깨달은 것이다.

아브라함은 이것을 믿고 의지한 덕분에 하나님의 놀라운 역사를 경험하게 되었다. 비록 어려움은 계속되었지만 약해지지 않고 더욱 견고한 믿음으로 주님께 나아갔다(롬 4:19). 하나님은 우리에게도 이와 같은 믿음을 요구하신다. 그 믿음은 우리 삶 가운데 인내로 나타난다.

> 인내를 온전히 이루라 이는 너희로 온전하고 구비하여 조금도 부족함이 없게 하려 함이라(약 1:4)

하나님은 우리를 그분의 자녀로 양육하시기 위해 연단의 시간을 요구하신다. 하지만 이것은 우리 개인과 공동체와 이 세상 가운데 하나님의 공의를 이루기 위한 준비 단계라고 볼 수 있다. 이 시기를 버텨 내기 위해 필요한 것은 바로 우리의 믿음을 성숙시켜 줄 끈질긴 기도다. 어떤 고통과 어려움 속에서도 살아 계신 하나님을 붙잡고 바랄 수 없는 중에 바라며 전지전능하신 하나님을 신뢰하고 의지하는 믿음을 달라고 기도하며 나아갈 때, 우리는 하나님의 공의가 이루어질 '그때'를 앞당기는 일에 동참하라는 그분의 부름 앞에 서게 될 것이다.

그러므로 삶 가운데 어려운 일과 시험이 다가올 때, 믿음 없는 자 같이 의심하지 말고 기뻐하며 쉬지 말고 기도해야 할 것이다. 주님이 언제나 당신의 기도와 부르짖음과 탄식을 늘 듣고 계시며 지켜보고 계심을, 어린아이 같은 순수한 믿음으로 바라보며 살아가기 바란다.

얼떨결에 교회를 건축하다
"네 할 일은 여기까지야."
제 몫은 여기까지입니다
나는 이해할 수 없지만 하나님은 아시겠지
교만을 다루시는 하나님의 연단
순종하는 자에게 임하는 하나님의 기적
새내기 장로, 새로운 지성전을 꿈꾸다
불평을 감사로 바꿔 주신 하나님
살아 계신 하나님이 당신을 부르신다

CHAPTER
7

순종과 감사로 걷는 인생길

• CHAPTER 7 •

순종과 감사로 걷는 인생길

얼떨결에 교회를 건축하다

찌는 듯한 여름날, 거래처에서 백만 원을 수금해서 공장으로 돌아가는 길이었다.

'지금 급하게 필요한 게 뭐가 있더라? 공장에 자재랑 공구를 들여놓아야 하고…. 참, 집세도 밀려 있었지.'

돈을 어디에 어떻게 나눠 써야 하나 이런저런 궁리를 하면서 공장에 들어서는데 우두커니 서 있는 낯선 사내가 눈에 띄었다.

"무슨 용무로 오셨나요?"

사내는 반가운 표정으로 대답했다.

"아, 네. 김학재 집사님이시죠?"

"네. 그런데 누구신지요?"

"얼마 전에 기도원에 다녀오신 적 있으시죠?"

"네. 맞습니다만…."

"그때 기도원 '사랑의 집'에서 집사님과 같은 이층침대 방에 묵었던, 옥천에서 목회하는 김창선 전도사입니다. 저는 아래층 침대를 썼고 집사님은 위층 침대에서 주무셨었죠."

"아, 그랬던가요? 기억은 잘 안 납니다만, 어쨌든 날도 더우니 목이나 축이고 말씀 나누시죠."

찜찜한 느낌이 들었지만 나는 그를 사무실로 데려가 시원한 차를 대접했다.

"사실 제가 이렇게 불쑥 집사님을 찾아온 것은…."

찻잔만 만지작거리던 그가 드디어 입을 열었다.

"저는 충청남도 옥천에서 교회를 개척해서 섬기고 있습니다. 1년에 쌀 두 가마니를 주기로 하고 작은 교회 건물을 빌려 탄광 골짜기마다 뛰어다니며 어렵게 한 사람씩 전도하고 있는데요. 알고 보니 교회 건물을 빌려준 주인집이 여호와의 증인 교인이었지 뭡니까. 그 사람들이 아직 신앙이 여물지 않은 새신자를 꼬드겨서 자기네 모임으로 데려가곤 했습니다. 결국 저희 가족이 사택으로 쓰고 있는 초가집에 강대상을 옮겨다 놓고 거기서 예배하는 처지가 되고 말았어요.

방이 워낙 작아서 툇마루까지 끼어 앉아야 겨우 예배할 수 있는데다, 비가 올 때면 툇마루 안으로 비가 들이치면서 예배 중에도 이리저리 자리를 옮겨 다니느라 예배 분위기가 엉망이 됩니다. 그래서 기도하던 끝에 저희 집 마당에 작은 교회를 짓기로 결정했습니다. 마당 가운데 심어 놓은 감나무를 피해 'ㄱ'자 모양으로 조립식 건물을 지어야 하는데 건축 비용이 백만 원 정도 필요하다고 하네요."

여기까지 이야기를 한 그는 잠시 멈추고 내 눈을 바라보았다. 무슨 말을 하려는 건지 속이 빤히 보였다. 하지만 나는 마음속으로 이렇게 부르짖고 있었다.

'마침 내 주머니에 딱 백만 원이 들어 있소. 하지만 이건 지금 막 수금해 온 돈인데다 써야 할 데가 이미 다 정해져 있어요. 그런데 이걸 내놓으라고? 절대 안 돼요!'

나도 굳게 입을 다무는 바람에 대화가 끊어지고 말았다. 그리고 기 싸움을 하는 것 같은 침묵이 흘렀다. 아무 말 없이 눈을 반쯤 감고 조는 것처럼 버티고 앉아 있었는데, 결국 그가 입을 열었다.

"집사님. 저 이제 가볼까 합니다."

이 때다 싶어 눈을 번쩍 뜨고 반갑게 인사했다.

"아, 네. 살펴 가세요."

그러나 혹시나 하는 생각 때문인지 사무실 문을 향하는 그 전도사의 발걸음은 느릿느릿 굼떴다. 문을 열고 나가려는 그를 물끄러미 바라보고 있는데 갑자기 마음속 깊은 곳에서부터 '쿵'하는 울림과 함께 어떤 음성이 들려왔다. 그 음성을 듣는 순간 나도 모르게 입을 열고 말았다.

"전도사님. 잠깐만 기다리세요."

"네!"

앉으라는 말도 안 했는데 그는 기다렸다는 듯이 냉큼 의자로 돌아와 내 입술만 빤히 쳐다보았다.

"사실은 제가 거래처에서 딱 백만 원을 수금해 왔어요. 이 돈으로 처리해야 할 급한 일들이 많습니다. 그런데 전도사님 사정이 참 딱하시네요. 지금 제 마음이 오락가락하니까 얼른 이 돈 가져가서 교회를 지으세요."

그리고는 돈 봉투를 꺼내 책상 위에 올려놓았다.

"아, 네. 알았어요. 감사합니다."

잽싸게 봉투를 집어 든 그는 뒤도 돌아보지 않고 문까지 열어 놓은 채 계단을 뛰어 내려가 사라져 버렸다. 계획했던 일은 할 수 없게 됐지만, 돈을 주고 나니 '이걸 줘야 하나. 그럼 난 어떻게 하나.' 고민하던 마음이 편해지고 속이 후련했다. 그리고 방금 내 마음에 대고 말씀하신 분이 하나님이라는 확신이 들었다. 내 마음속에 울린 주의 음성은 이랬다.

"학재야. 저 전도사가 예수님이라고 해도 그렇게 모른 척할 수 있겠니? 지금 그 행동이 진짜 네 속마음인 거니?"

그 순간 양심에 찔려 끝까지 입 다물고 앉아 있을 수 없었던 것이다. 하지만 마음 한편에서는 억울하고 서운했다.

'그 전도사만 돈이 필요했던 게 아닌데. 나도 그 돈이 꼭 필요했는데. 이제 밀린 집세랑 자재 구입할 비용은 어디서 마련하나.'

그 전도사처럼 나도 누군가를 찾아가 하소연하고 싶은 마음이 굴뚝같았다.

그리고 열흘쯤 지났을까. 황당한 내용의 전화 한 통이 걸려 왔다.

"안녕하세요. 여기는 충남 옥천입니다."

"네. 그런데 무슨 일이신가요?"

"혹시 김창선 전도사님이라는 분을 아십니까?"

"김창선 전도사님이요? 아, 네. 친한 사이는 아닙니다만. 그분에게 무슨 일이 생겼나요?"

"그분이 계약금 백만 원을 들고 찾아와서는 '기증받은 땅 50평이 있는데 거기에 교회를 짓고 싶다'고 하셨어요. 마침 공사 현장 사무실을 철거하고 남은 자재가 있어서 그걸로 공사를 진행했습니다."

"그러셨군요. 잘됐습니다."

"그런데 그 전도사님이 '공사비 잔금은 서울에서 큰 사업을 하고 계신 김학재 사장님이 처리해 주실 거다'라고 하셨어요. 그래서 이렇게 전화드렸습니다."

이 말을 듣는 순간 누가 뒤통수를 망치로 후려친 것처럼 머릿속이 멍했다. 그 파렴치한 전도사에 대한 분노가 부글부글 끓어오랐다.

'며칠 전에 집세 내고 공장에도 써야 할 종잣돈 백만 원을 빼앗듯이 날름 가져가더니 이제는 뻔뻔하게 공사 잔금을 내달라고? 그것도 부탁이나 상의 한마디 없이? 벼룩도 낯짝이 있다는데 이 사람은 정말 염치가 없구나!'

이렇게 어려운 때에 해도 너무한다 싶어 "난 그런 사람 모릅니다!"라고 잘라 말하고는 전화를 끊어 버렸다.

머리끝까지 화가 나서 씩씩대고 있는데 마음속에서 지난 번 그 음성이 또 들려왔다. 하나님의 음성이었다.

"학재야. 너도 많이 힘들지? 하지만 그 전도사 얼마나 힘들었으면 이렇게까지 하면서 네게 손을 벌렸겠니."

이번에는 나도 참을 수 없어서 이렇게 따져 물었다.

"그럼 저는요? 저는 어떻게 하라고요? 주님도 제 형편 아시잖아요. 밀린 집세는커녕 생활비까지 모자라서 매번 아내가 이웃집에서 돈을 빌려다 겨우 버티고 있단 말이에요."

이웃집 여자가 돈을 빌려줄 때마다 "찔끔찔끔 빌려 갔다가 금방 갚고, 또 찔끔찔끔 빌려 갔다가 금방 갚는 거 은근히 귀찮네요."라며 무안을 준다는 아내의 말이 떠올라 가슴이 아팠다. 그렇지만 하나님도 물러서지 않으셨다.

"학재야. 만일 그 전도사가 예수님이라고 해도 이렇게 냉정하게 거절할 거니?"

이 질문에 말문이 또 막혔다.

"허, 이것 참. 도대체 제가 어떻게 해야 되는 겁니까. 주님?"

한참 동안 책상 앞에 앉아 생각을 정리했다.

'그래. 일단 공사 업체에 전화를 걸어 지금은 줄 돈이 없다고 해야겠다. 그리고 언제가 될지는 모르지만 조금씩 돈을 벌어 잔금을 갚으면 안 되겠냐고 하는 거야. 내가 이렇게 나가면 저쪽도 사업하는 사람들이니까 분명 안 된다고 하겠지? 그러면 얘기 끝난 거지 뭐. 하나님께는 약간 죄송하지만 나도 할 도리는 다 한 거니까 뭐라고 못 하실 거야.'

곧바로 공사 업체에 전화를 걸었다.

"안녕하세요. 아까 통화했던 진우엔지니어링 김학재 사장입니다. 죄송합니다만 지금은 공장 상황이 어려워서 공사비 잔금을 드릴 수 없을 것 같습니다. 혹시 여러 달에 걸쳐 조금씩이라도 버는 대로 돈을 보내 드리면 어떨까요?"

거래 관계에서 이렇게 이야기하면 "안 됩니다. 그렇게는 못 합니다"라고 거절하거나 "조금이라도 서둘러 주세요."라고 재촉하는 게 자연스러운 반응이다. 그런데 내게 돌아온 대답은 전혀 예상 밖의 것이었다.

"네. 그렇게라도 해주시면 감사합니다."

너무나 순순히 내 제안을 받아들이는 것이 아닌가!

"정말 그렇게 해도 괜찮을까요? 잔금을 다 갚는 데 일 년이 걸릴 수도 있습니다만….”

"네. 알겠습니다. 감사합니다."

더 이상 그 전도사와 엮이고 싶지 않아 교묘한(?) 꼼수를 부려 봤지만 아무 소용없었다. 하는 수 없이 공사비용을 감당하기로 마음먹고 최선을 다했다. 사업이 가장 힘들던 시절이라 갖은 우여곡절을 겪었지만 그래도 조금씩 갚아 나갈 수 있었고, 마침내 육 개월 만에 잔금 300만 원을 다 채울 수 있었다. 정말 하나님의 은혜였다.

"네 할 일은 여기까지야."

그러고 얼마나 지났을까. 부산에서 업무를 처리하고 서울로 올라오는 중에 문득 옥천에 들러 그 교회를 보고 싶어졌다. 물어물어 겨우 교회를 찾아가 보니 중고 샌드위치 패널로 대충 지은 것이 아닌, 50평 부지 위에 반듯하고 단정하게 세워 놓은 건물이 나를 맞아 주었다. 예배실에는 노란 비닐 장판을 깔아 놓았는데 바닥의 수평도 잘 맞춰져 있었다. 아마도 성도들의 자발적인 수고와 섬김으로 만들어진 것 같았다.

그때 누군가 내게 물었다.

"어떻게 오셨습니까?"

"아, 네. 저는 서울에서 온 김 집사라고 합니다. 혹시 김창선 전도사님 계신가요?"

"제가 이 교회의 담임목사인데요. 김창선 전도사님은 서울에 가셨습니다."

"그러면 언제쯤 오시나요? 지나는 길에 잠시 들렀는데 아쉽네요."

인사를 나누고 교회를 나서려는데 목사님이 조심스럽게 말을 꺼냈다.

"저… 집사님. 김 전도사님은 이 교회를 떠나셨습니다."

깜짝 놀라 목사님께 물었다.

"네? 왜요?"

"사실은… 김 전도사님이 이 교회를 제게 넘기셨거든요."

나는 도대체 무슨 말인지 이해할 수가 없었다.

"아니, 그게 무슨 말씀이세요? 교회를 넘기다니요"

"제가 이 교회를 인수했습니다. 돈을 주고 산 거죠."

"네? 교회를 사요? 이게 어떻게 마련한 교회인데…. 도대체 얼마에 사셨습니까?"

"천만 원에 샀습니다."

교회를 팔고 사다니 처음에는 도저히 믿을 수가 없었다. 하도 어이가 없어 그 목사님에게 "어떻게 교회를 돈으로 거래할 수 있단 말입니까?" 따져 보기도 했지만 의미 없는 짓이었다. '내가 어리숙해서 당했구나. 내가 봉이었구나.' 하는 생각에 서울로 올라오는 내내 너무 화가 났다. 나도 모르게 하나님을 원망하기도 했다.

'하나님. 공사비 잔금 갚느라 저와 제 가족과 직원들이 얼마나 고생했는지 아시잖아요. 개미같이 조금씩 돈을 모아 겨우 지은 교회를, 목회자라는 사람이 이렇게 아무 연락도 없이 팔아 치우고 사라져도 되는 겁니까?'

화가 가시지 않아 씩씩대고 있는데 마음속에서 이런 음성이 들려왔다.

"학재야. 성령 받은 베드로가 앉은뱅이를 치유한 말씀 기억하니? 그때 베드로가 돈을 받고 고쳐 준 것이 아니란다."

사도행전 3장에서 예수님의 제자 베드로와 요한은 기도하러 성전을 향했다. 그곳에서 두 사람은 태어날 때부터 걷지 못하는 거지가 바닥에 앉아 구걸하고 있는 모습을 보게 되었다. 그들은 즉시 걸음을 멈추고 거지에게 이렇게 명령했다.

"은이나 금은 내게 없지만 그 대신 갖고 있는 것을 당신에게 주겠소. 지금 당장 나사렛 예수 그리스도의 이름으로 일어나 걸으시오!"

그리고 오른손을 잡아 일으키니 거지가 치유 받아 자리에서 벌떡 일어났다. 기적이 일어난 것이다(행 3:1-10). 하나님은 내게 이 성경 본문을 생각나게 하셨다.

"베드로는 아무 대가 없이 받은 것을 아무 대가 없이 베풀었단다. 그런데 너는 너 혼자만 큰 손해를 본 것 같아 억울해 하고 있구나. 처음 백만 원 헌금할 마음 주신 분도 하나님이고, 네 손으로 교회 세우는 일을 감당할 수 있게 기회 주신 분도 하나님이시잖니. 그렇지? 너무 속상해 하지 말아라. 학재 네가 해야 할 일은 여기까지야. 이 일은 이제 깨끗이 잊고 나머지는 주님께 맡겨 드리렴. 그 다음은 네가 상관할 일이 아니란다."

이 말씀을 깨닫고 나니 비로소 마음이 편해졌다.

"아. 주님이 그분을 위해 하신 일을 내가 한 것으로 착각했었구나."

그리고 나를 속인 그 전도사님에 대한 미움도 사라졌다. 이후에도 나는 비슷한 경험을 통해 "네가 할 일은 거기까지야."라는 하나님의 음성을 여러 번 듣게 되었다.

제 몫은 여기까지입니다

시화 외국인교회를 섬기던 시절의 일이다. 라흐만(Rahman)이라는 방글라데시인 노동자가 있었는데, 그는 공장에서 자동차 바퀴의 알루미늄 휠을 기계로 깎는 일을 하고 있었다. 하지만 심한 당뇨병 때문에 발이 아파 공장을 그만둬야 했고, 엎친 데 덮친 격으로 발가락이 썩어 다리를 절단해야 한다는 의사의 진단까지 받은 상태였다.

　그가 병원에 있을 때 심방했는데, 붕대를 풀어 보니 정말로 엄지발가락이 시커멓게 썩어 가고 있었다. 그런데 라흐만은 다리 절단을 거부하고 그냥 퇴원해 버렸다. 우리가 다시 만났을 때 그는 발이 아파 직장에 나갈 수 없어서 지저분한 외국인 공동숙소 한 구석에 누워 있었다. 지금 그에게 필요한 것은 위로의 말이 아니라 기도였다.

　나는 붕대를 감은 그의 발에 손을 얹었다. 견디기 힘들 정도로 썩은 냄새가 코를 찔렀지만 꾹 참고 기도를 시작했다.

　"주님. 제게 아무런 힘과 능력이 없다는 것을 잘 아시지요. 하지만 지금 제가 할 수 있는 것은 기도뿐입니다. 병으로 고통받는 마이클을 기억해 주시고 그를 고쳐 주세요. 그를 불쌍히 여겨 주세요. 그래서 라흐만이 온전한 몸으로 예전처럼 일도 다시 하고 건강하게 살아가게 해주세요."

　그렇게 한참을 간절하게 기도한 뒤에 눈을 떠보니 내 모습이 엉망진창이었다. 얼굴은 눈물과 콧물 범벅이고 몸에는 땀 냄새와 살이 썩는 냄새가 뒤섞여 진동하고 있었다. 하지만 주님이 우리의 기도를 들으시고 마이클에게 역사하실 거라는 강한 확신 덕분에 마음은 더없이 상쾌했다.

　그런데 내 몸의 상태가 좀 이상했다. 기도할 때 라흐만의 발을 붙잡았던 팔이 펴진 상태로 뻣뻣하게 굳어 버린 것이다. 전심으로 기도하느라 기진맥진하긴 했지만 그 때문은 아닌 것 같았다. 별일 아닐 거라는 생각에 그냥 집으로 돌아왔다. 그러나 조금 있으면 괜찮아질 줄 알았던 내 팔은 무려 일주일 동안이나 펴진 채 굳어 있었다. 처음에는 '팔이 원래대로 돌아오지 않으면 어떡하나.' 싶어 걱정스러웠지만, 시간이 흐를수록 성령께서 내게 가르쳐 주기 원하시는 것이 있다는 느낌이 들었다.

나는 라흐만을 위해 기도했다. 나 자신이 아니라 남을 위해 기도한 것이다. 그런데 팔이 마비되는 경험을 하면서 발 때문에 고통받던 그가 떠올랐다. 몸이 제대로 움직이지 않고, 늘 하던 일도 할 수 없게 되고, 그 때문에 낙심해 있던 라흐만. 물론 나는 그와 비교조차 할 수 없지만 이 경험은 라흐만의 심정을 조금 더 공감할 수 있는 계기가 되어 주었다.

다른 사람을 위해 기도한다고 하면서 나는 그 사람의 마음과 상황을 얼마나 헤아려 봤을까. 그들의 입장에 서서 그들이 겪고 있는 절망과 고통을 내 것으로 여기며 기도해 본 적은 몇 번이나 될까. 팔이 굳는 희한한 경험을 통해 성령께서는 내게 진정으로 남을 위해 기도하려면 그가 겪고 있는 고통도 함께 져야 한다는 것을 깨닫게 하셨다. 입장을 바꿔 놓고 생각해 보니 정말 그랬다. 나의 시련과 고통을 자기 일처럼 헤아려 주는 사람이 기도해 준다면, 진정으로 아파하며 나를 위해 기도하는 사람이 있다면 기도 응답의 여부를 떠나 눈물 나게 고맙고 그에게 마음을 열 것이다.

그런 일이 있고 얼마 후에 다시 라흐만을 찾았다.

"라흐만, 다리는 좀 어때?"

"지난번에 엘더 킴이 기도해 줘서 많이 괜찮아졌어요. 고마워요. 하지만 아무래도 병이 완전히 나으려면 조용기 목사님의 기도를 받아야 할 것 같아요. 제발 저 조용기 목사님 좀 만나게 해줘요. 그 목사님 기도 받으면 깨끗하게 나을 것 같아서 그래요."

이천 년 전 예수님이 이 땅에 오셨을 때 수많은 병자들이 치유받기를 바라며 그분을 찾아왔다. 그런데 성경의 기록을 보면 예수님은 병을 고쳐 주실 때 자신을 찾아온 이들의 믿음에 주목하셨다. 병이 나은 것은 그들의 믿음에 대한 주님의 응답인 셈이었다.

> 예수께서 돌이켜 그를 보시며 이르시되 딸아 안심하라 네 믿음이 너를 구원하였다 하시니 여자가 그 즉시 구원을 받으니라
> (마 9:22)

> 이에 예수께서 대답하여 이르시되 여자여 네 믿음이 크도다 네 소원대로 되리라 하시니 그 때로부터 그의 딸이 나으니라
> (마 15:28)

> 예수께서 그들의 믿음을 보시고 중풍병자에게 이르시되 작은 자야 네 죄 사함을 받았느니라 하시니 (막 2:5)

예수께서 이르시되 가라 네 믿음이 너를 구원하였느니라 하시니 그가 곧 보게 되어 예수를 길에서 따르니라(막 10:52)

예수님에게 병을 고쳐 달라고 부탁한 이들의 믿음은 예수님이 그들 앞에 나타나셨기 때문에 생긴 것이다. 그러니까 따지고 보면 그들의 믿음은 예수님이 주신 것이다. 우리에게 믿음을 주시고는 우리 안의 그 믿음을 보고 역사하셨다는 것이다. 라흐만도 그랬다. 그에게 "하나님이 조 목사님의 기도를 통해 내 병을 고쳐 주실 것이다!"라는 믿음이 있었기에 여기까지 온 것이었다. 주님께서 그를 사랑하셔서 그런 믿음을 주신 것 같았다.

나는 그를 조 목사님 비서실로 데리고 갔다. 그곳에는 이미 여러 사람이 무릎 꿇고 목사님이 오셔서 안수 기도해 주시기를 기다리고 있었는데, 하나같이 이름과 병명이 적힌 종이판을 가슴에 달고 있었다. 장소가 좁은 관계로 환자가 아닌 사람은 다른 곳에서 기다려야 해서 나는 라흐만에게 이름과 병명을 써주고 밖으로 나왔다.

시간이 얼마나 흘렀을까…. 라흐만이 목사님의 기도를 받고 나를 찾아왔다.

"라흐만, 목사님이 기도해 주시면서 뭐라고 말씀하셨어?"

"'풀 힐, 풀 힐(full heal)'이라고 기도해 주셨어요."

"발은 지금 어때? 정말 나은 것 같아?"

그는 활짝 웃으면서 대답했다.

"그럼요. 이제 다 나은 것 같아요"

함께 식사한 뒤 그를 숙소로 데려다주며 이렇게 부탁했다.

"라흐만, 이번 주일에는 꼭 교회에 나와서 함께 예배드리자. 알았지?"

그는 "네. 알았어요."라고 순순히 대답했다.

그와의 통화를 마친 뒤, 나도 모르게 가슴이 뛰기 시작했다. 하나님이 라흐만을 치유하셨다. 질병으로 고통받던 그의 몸이 거짓말처럼 깨끗해졌다. 라흐만은 살아계셔서 능력으로 역사하시는 하나님을 분명하게 드러낼, 누구도 부인할 수 없는 증인이었다. 이번 주일에 꼭 라흐만을 예배 때 소개하고 하나님이 그의 삶에 행하신 일을 나누게 해야겠다는 결심이 섰다.

드디어 주일이 되었다. 나는 건강을 되찾은 라흐만을 보게 되기를 기대하며 기다렸다. 진심으로 그가 보고 싶었다. 하지만 기대와 달리 라흐만은 예배에 오지 않았다. 이게 어떻게 된 일인가 궁금했지만 '무슨 사연이 있겠지'라고 스스로를 진정시키며 다음 주일을 기약했다. 그리고 다시 주일이 돌아왔다. 하지만 라흐만은 그날도 나타나지 않았다. 두 주일 내내 라흐만을 통해 하나님이 하실 일을 기대하고 있던 나는 크게 실망하고 말았다. 그리고 돌아온 월요일, 기다리고 기다리던 라흐만에게서 전화가 걸려 왔다. 반가운 마음에 속사포처럼 질문을 쏟아 냈다.

"라흐만. 그동안 잘 지냈어? 몸은 좀 어때? 다 나은 거야? 교회는 왜 안 나왔어? 이번 주일에는 교회에 올 수 있는 거지?"

그는 밝은 목소리로 이렇게 대답했다.

"엘더 킴. 나 발 다 나았어요. 그동안 고마웠어요. 땡큐. 그런데 나 내일 고향으로 돌아가요. 바이바이."

라흐만과의 짧은 통화를 마치고 나니 마음이 복잡했다. 그가 치유 받아 건강한 모습으로 가족에게 돌아가는 것은 감사했지만 한편으로는 아쉽고 섭섭했다.

'그렇게 안 봤는데 사람 참 냉정하네. 귀국할 때 하더라도 마지막으로 교회에 와서 예배도 드리고 친구들과 인사하고 헤어지면 얼마나 좋아.'

그때 나지막한 주님의 음성이 느껴졌다. 주님은 내게 이렇게 말씀하셨다.

'학재야. 라흐만이 그렇게 떠나 버려서 많이 섭섭하구나. 하지만 네가 해야 할 일은 거기까지란다. 너는 그만큼만 감당하면 되는 거야.'

속상하긴 했지만 주님의 말씀이 옳았다. 내 몫은 딱 여기까지였다. 나머지는 주님이 그분의 뜻과 마음에 따라 행하실 것이었다. 나의 등 뒤에 계신 주님이 이런 생각에 가슴을 쓸어내리는 내게 살포시 미소 지으시는 것 같았다.

나는 이해할 수 없지만 하나님은 아시겠지

나는 업무 때문에 필리핀 출장을 자주 가는 편인데, 한번은 월요일에 미팅이 잡혀서 부득이하게 필리핀에서 주일을 지낸 적이 있다. 한국 사람이 운영하는 리조트에 묵은 우리 부부는 주일 오전에 노트북 컴퓨터로 한 시간 시차를 두고 한국의 여의도순복음교회 예배 영상으로 예배를 드렸다. 그러나 영상 예배에서는 하나님께 헌금을 드릴 수 없었다. 어떻게 할까 고민하던 아내와 나는 가까운 지역교회를 찾아 그곳에 헌금하기로 했다. 리조트 주인을 통해 인근에 '실랑'이라는 지역이 있는데 그곳에 한인 교회가 있다는 것을 알게 되었다. 적은 액수였지만 하나님께 드리는 헌금을 들고 우리 부부는 그 교회를 찾아 나섰다.

이국땅에서의 초행길이라 조금 헤매기는 했지만 마침내 실랑의 한인 교회에 도착했다. 그런데 교회가 어딘가 좀 이상했다. 분명 건축 중인 교회이긴 한데 시멘트 봉지가 날아다니고 있는 걸 보니 공사를 중단한 지 꽤 오래된 것 같았다. 콘크리트 기둥과 벽은 공사가 잘되어 있었지만, 창문에는 유리창이 하나도 없고 바닥에도 타일이 깔려 있지 않았다. 게다가 벽에는 페인트가 칠해져 있지 않았다. 예배드리는 장소를 찾아보니 강대상 뒤쪽에 문이 있었다. 들어갔더니 플라스틱 의자 50개 정도가 놓여 있고 그 옆에 목회자 사택으로 보이는 방이 두 개 있었다.

목사님을 만나 헌금을 전하고 나오는 길에 궁금해서 사정을 여쭤 보았다.

"목사님. 왜 교회 건축은 하시다 말았나요?"

"네. 주님의 손길을 기다리고 있습니다."

"무작정이요?"

"네. 그렇습니다."

필요한 비용이 얼마나 되기에 이런 말을 하나 싶어 다시 물어 보았다.

"목사님. 창문에 유리창 끼우고 바닥에 타일 깔고 벽에 페인트 칠하면 예배드리는 데 별 문제는 없을 것 같은데요. 비용이 얼마나 들까요?"

"네. 한국 돈으로 오백만 원 정도면 될 겁니다."

"오백만 원이요? 혹시 물정을 잘 모르고 말씀하시는 것 아닌가요? 아무리 필리핀이라고 해도 교회가 어림잡아 100평은 되어 보이는데 그 돈으로는 부족할 것 같습니다."

그러자 목사님이 웃으며 이렇게 대답했다.

"한국에서는 부족하겠지만 여기에서는 가능합니다. 유리와 창호, 타일, 페인트, 작업할 인부까지 그 액수 안에서 해결할 수 있어요."

"정말이요? 그게 가능합니까?"

"제가 필리핀에서 학교를 운영하면서 학교 건물까지 지어 봤는데 그 정도면 되더라고요. 이곳은 인건비가 아주 싸기 때문에 자재를 살 돈만 있으면 쉽게 공사할 수 있습니다."

 필리핀에서의 업무를 마치고 한국으로 돌아왔는데 그 교회의 안타까운 사정이 자꾸만 떠올랐다. 혹시 하는 마음에 선교헌금을 하기 위해 만들어 둔 통장을 확인해 보니, 신기하게도 정확히 오백만 원이 남아 있었다. 실랑의 한인 교회에 건축헌금을 하기로 아내와 의논하고 통장의 오백만 원을 곧바로 송금했다.

 한 달 뒤에 그 교회 목사님이 공사가 완료되었다며 완공된 교회 사진을 보내 주셨는데, 그걸 보고 깜짝 놀랐다. 어떻게 된 일인지 이해할 수 없었지만, 사진 속 교회는 유리창이 깔끔하게 끼워져 있고 바닥은 아이보리색 타일을 깔아 아름다웠고, 벽도 흰색으로 깨끗하게 칠해져 있었다. 교회가 너무 크고 깨끗해 보였다.

 그 교회에 가보고 싶은 마음에 나는 다음번 필리핀 출장 때도 아내와 동행했다. 주일날 우리 부부는 덜컹거리는 버스를 타고 한 시간이나 달려 그 교회를 찾아갔다. 사진에서 본 것처럼 깨끗하게 아름답게 완공된 교회에서 60명 정도의 성도들이 예배하고 있었는데, 마침 서울에서 방문한 바이올린 연주 팀의 작은 음악회가 열리고 있었다. 너무나 훌륭한 음악회였지만 안타깝게도 음향장치가 열악한 탓에 - 어찌나 성능이 안 좋은지 예배시간에 목사님의 설교도 잘 안 들릴 정도였다 - 단원들은 마이크를 끄고 바이올린을 연주해야 했다.

그토록 힘겹게 교회를 지어 놓고도 고작 음향시설 때문에 예배는 물론 행사조차 제대로 열지 못하고 있는 것이 마음 아파서 귀국하자마자 당장 성능 좋은 기기들로 음향시스템 전체를 구매했다. 스피커 연결선 같은 사소한 물품까지 전부 예배실 구조에 맞춰 구입해서 제자리에 놓고 전원만 연결하면 바로 사용할 수 있도록 미리 세팅해 두었다. 준비된 장비들을 보내기 위해 짐을 싸보니 나무 상자로 11개나 되었는데, 하나님과 성도들이 기뻐할 것을 기대하며 즉시 화물로 부쳐 주었다. 그리고 한 달 뒤 처제 부부까지 데리고 다시 필리핀에 가서 음향시스템의 전기 배선을 마무리하고 성능 테스트까지 완벽하게 해주고 돌아왔다. 이미 건축비용을 감당했는데 그렇게까지 시간과 돈을 더 들일 필요가 있냐고 할 수도 있겠지만, 나는 주님을 위해 선한 일을 할 때는 아무리 대가지불을 해도 끝까지 기쁘고 신바람 나고 좋았다.

그 교회와 관련된 일은 이뿐만이 아니었다. 한번은 업무를 마치고 귀국하려고 짐을 싸고 있는데 그 목사님으로부터 연락이 왔다. 사모님이 뎅기열에 걸렸는데 입원도 시키지 않고 대학병원에 그대로 놔둔 채 나를 만나러 오겠다는 것이었다. 두 시간이나 걸려 나를 찾아오신 목사님도 40도가 넘는 고열에 시달리고 있었다. 목사님이 무작정 함께 가자고 매달려서 우리는 함께 차를 달려 사모님이 있는 병원으로 향했다. 병원에 가보니 열이 40도까지 나는 중환자인 사모님을 휠체어에 앉혀 놓은 채 일곱 시간이나 그대로 방치하고 있었다. 말로는 병실이 없어서 기다린 거라고 하지만 여태 접수도 하지 않은 것을 보니 치료할 돈이 없어 그런 것 같았다.

사모님은 이미 사경을 헤매는 위급 상태여서 나는 즉시 진찰실로 휠체어를 밀고 들어갔다. 그러자 의사가 달려와 사모님을 진찰한 뒤 즉시 입원시켰고, 목사님도 곧바로 의사의 진찰을 받고 입원했다. 그 때문에 우리는 밤늦게 숙소에 돌아와 짐을 싸고 겨우 새벽 비행기를 탈 수 있었다. 나를 만나야 아내를 살릴 수 있다는 생각에 고열에 시달리면서도 먼 길을 단숨에 달려온 목사님을 생각하니 마음이 아팠다. '돈이 생명과 직결되는 선교지에서 복음을 전하다 보면 말 못할 어려움이 정말 많겠구나.' 하는 생각도 들었다.

나는 주님을 사모하는 마음으로 그분이 기뻐하시는 일을 찾아 감당하는 것이 주님의 일이라고 믿는다. 하지만 순수한 마음으로 교회와 성도를 섬기다가도 '주의 일'이라는 미명 아래 무리한 – 목회나 선교사역과 관련 없는 지극히 개인적인 – 부탁을 받게 되면 섬김의 기쁨이 사라지기도 한다. 서울에서 온 목사님의 장모님에게 필리핀 관광을 시켜 주는 것 같은 일이 그런 경우다. 물론 인간적인 사정이 있을 수 있다. 내 형편만 허락된다면 다른 사람의 개인적인 일도 기꺼이 도와줄 수 있다. 그러나 개인적인 일을 주님의 일인 것처럼 포장해서 당당히 요구할 때는 마음이 편치 않고 답답하다. '내가 봉인가?' 싶은 생각이 들어 섭섭하고 억울하다. 하나님의 일을 한다는 사람들이 왜 합당하지 않은 일을 당연하게 여기는 걸까? 이것은 내가 이해할 수 없는, 오직 하나님만 아시는 일이다. 주님은 늘 "학재야. 네가 해야 할 몫은 거기까지란다. 너는 거기까지만 하면 돼."라고 말씀하시며, 그분의 일은 참된 기쁨과 감사하는 마음으로만 해야 한다고 가르쳐 주신다.

교만을 다루시는 하나님의 연단

이스라엘 민족은 430년 동안 애굽에서 건설 노예로 살았다(출 12:40-41). 이스라엘 민족의 수가 걷잡을 수 없이 불어나는 것을 두려워한 애굽 사람들은 혹독한 강제노동으로 그들을 억압하고 학대했다(출 1:8-12). 마침내 이스라엘의 고통과 신음소리를 헤아리신 하나님은 모세라는 지도자를 세우고 그들을 애굽에서 이끌어 내어 가나안이라는 축복의 땅으로 데려가겠노라 약속하셨다. 그런데 성경에서 이것을 기록한 대목을 읽다 보면 이상한 점을 발견하게 된다. 그것은 하나님이 이스라엘 민족을 곧바로 가나안으로 인도하지 않고 괴롭고 힘든 광야 생활을 하게 하셨다는 점이다. 그것도 무려 40년 동안이나 말이다.

성경은 40년 광야 길의 목적이 이스라엘을 낮추고 시험해서 그들이 어떤 마음을 갖고 있는지, 그들이 하나님의 명령을 성실하게 지키는지 테스트하기 위한 것이라고 밝히고 있다. 그렇다면 이 기간은 절대 행복한 시절이 아니었을 것이다. 불뱀과 전갈의 위협, 주변 부족의 공격과 약탈이 수시로 있었다. 물이 없는 건조한 지역이라 늘 식수가 부족했다. 농사를 지을 수 없는 상황이라 매일 끼니를 걱정해야 했다.

그러나 하나님은 이스라엘이 열악한 상황 속에서 절망하고 낙담하게 내버려 두지 않으셨다. 식수난을 겪을 때마다 모세에게 지팡이로 바위를 내리쳐 물이 나오게 하셨고, 인류 역사상 누구도 맛보지 못한 하늘의 음식 만나를 아침마다 내려 주시고, 엄청난 메추리 떼를 몰아다가 실컷 먹여 주셨다. 40년 동안 척박한 환경에서 살았는데도 옷이 헤지지 않고 발이 부르트지 않게 하셨다. 하나님은 왜 이스라엘 민족에게 이런 일을 행하셨을까?

40년 광야 길은 고난을 통해 이스라엘을 겸손하게 하기 위한 하나님의 '사랑의 매'였다. 이스라엘 민족은 몇 대에 걸쳐 지독한 노예 생활을 겪었으면서도 주어진 명령에 따르지 않고 자기 마음대로 행동하기 좋아하는 사람들이었다. 오죽하면 하나님도 그들을 '목이 뻣뻣한 백성'이라고 부르셨을까(출 32:9). 이스라엘 민족은 가나안 땅을 눈앞에 두고 "올라가 그 땅을 정복하라."는 하나님의 명령을 거부했다. 아니, 오히려 하나님을 원망하며 감히 그분을 대적하기까지 했다. 그 땅에 사는 사람들이 자기네보다 훨씬 강하고, 자신들은 그들의 손에 꼼짝없이 몰살당하고 말 거라는 부정적인 관점에 빠져 낙담하고 절망했기 때문이다. 그래서 하나님은 그들에게 극약 처방을 하실 수밖에 없었다. 다양한 위험이 시시각각 찾아오는 광야 길을 통해 이스라엘이 자신의 교만과 무력함을 깨닫고 겸손히 낮아지게 하신 것이다.

하나님을 거역하는 교만과 자기 마음대로 살고 싶은 탐욕은 이스라엘 민족에게만 해당되는 문제가 아니다. 교만과 탐욕은 에덴동산에서 아담과 하와가 선악을 알게 하는 나무의 열매를 먹었을 때부터 모든 사람 가운데 나타나기 시작한 죄의 뿌리다. 그래서 하나님은 용광로에서 은을 단련하듯 시험을 통해 성도의 믿음을 연단하신다.

순종하는 자에게 임하는 하나님의 기적

어떤 사람은 인생의 최고 전성기에 하나님의 시험과 마주한다. 성경 인물 중에 아람 - 지금의 시리아 - 에서 승승장구하며 출세가도를 달리던 나아만 장군이 그런 경우다(왕하 5장). 그는 남들이 부러워할 만한 요건을 모두 갖춘 사람이었다. 한 나라의 군대장관 - 오늘날의 국방부 장관 - 이라는 지위, 왕의 최측근에게 주어지는 특권, 조국을 큰 위기에서 구했다는 업적, '크고 강한 용사'라는 명예.

하지만 어느 날 갑자기 찾아온 불청객이 나아만의 모든 것을 한방에 무너뜨렸다. 그것은 바로 문둥병 - 지금의 한센 병 - 이었다. 문둥병은 살이 썩어 들어가고, 모두의 기피대상이 되어 격리당하고, 치료마저 불가능한 무서운 질병이다. 그래서 당시 문둥병에 걸렸다는 것은 말 그대로 신체적, 정신적, 사회적 '사형선고'였다. 이제 정상의 자리에서 한순간에 나락으로 떨어진 나아만에게 남은 것은 아무것도 없었다.

그런데 이스라엘 출신 계집종이 "우리나라에 엘리사라는 아주 용한(?) 선지자가 있는데 그 사람이라면 장군의 문둥병을 고칠 수 있을 것"이라고 이야기해 주었다. 그 말을 들은 나아만은 곧바로 선지자에게 줄 최고급 선물을 챙겨 많은 부하들과 함께 이스라엘로 출발한다. 지푸라기라도 잡고 싶은 심정이었을 텐데도 그는 기선(?)을 제압하겠다는 듯이 '큰 용사'의 위용을 자랑하며 엘리사의 집 앞에 도착했다. 하지만 무엇 때문인지 선지자는 코빼기도 보여주지 않고 대신 하인이 나와 "요단강에 가서 일곱 번 몸을 씻으면 병이 나을 것"이라고 전해주었다. 무시당했다는 생각에 자존심이 상한 나아만은 분노를 터뜨렸다.

"위대한 나아만 장군이 직접 찾아오셨는데 일개 선지자 따위가 나와 보지도 않아? 최소한 자기 눈으로 내 몸을 살펴보고 손을 들어 뜨겁게 기도는 해줘야 하는 거 아냐?"

"요단강에 가서 목욕하라고? 그것도 일곱 번이나? 내가 목욕이나 하러 이 몸으로 이스라엘까지 온 줄 알아? 그럴 바엔 차라리 우리나라의 다메섹 강으로 가겠다. 거기가 훨씬 낫지!"

씩씩대며 아람으로 돌아가려고 하는 나아만을 부하들이 겨우 붙잡았다.

"장군! 설마 선지자님이 거짓말이야 했겠습니까? 믿지는 척하고 한번 해봅시다. 시키는 대로 했는데도 병이 안 나으면 그때 가서 화를 내도 되지 않겠습니까?"

나아만은 부하들에게 등 떠밀려 요단강에 일곱 번 몸을 담갔다. 그리고 엘리사의 예언대로 문둥병이 깨끗하게 나을 뿐 아니라, 덤(!)으로 어린아이 같은 뽀얀 피부까지 갖게 되었다.

그러나 조금 전까지만 해도 나아만은 엘리사의 방법이 마음에 들지 않는다고 분노하며 그의 지시를 거절하려 했다. 일개 선지자 따위가 큰 용사요 국민 영웅인 자신을 푸대접하는 것이 자존심 상하고, '이렇게 치료해 주겠지?'라고 하는 나름대로의 기대가 어긋나 화를 낸 것이다. 큰 사고로 숨이 끊어져 가는데도 담당의사에게 "내 생각에는 이 방법으로 치료하면 될 것 같습니다."라며 자신의 치료법을 지시하는 응급환자처럼 말이다. 이것은 치유 받으러 온 사람이 취해서는 안 될 주제넘은 행동과 교만한 태도였다.

나아만은 치유를 원했다. 더 정확히 말하자면 문둥병 때문에 겪게 된 절망과 수치, 현실의 문제들로부터 구원받기 원했다. 하지만 그가 찾던 것은 '자기 식의 구원'이었다. 내 신분에 걸맞은 구원, 내 능력에 의한 구원, 내 업적을 통한 구원 말이다. 나아만은 자기 안에 갇혀 그의 인생이 깊은 나락에 떨어져 아무것도 할 수 없는 절망 가운데 처해 있음을 깨닫지 못하고 있었다. 이때 주어진 엘리야의 지시는 하나님이 그에게 내미신 구원의 손길이었다. 이해할 수 없고 받아들이기 힘든 방법이었지만, 처음부터 온전히 순종한 것은 아니었지만 나아만은 문둥병과 요단강 목욕이라는 두 가지 '인생 용광로'를 통해 몸과 영혼이 되살아나는 기적을 체험할 수 있었다.

또 어떤 사람은 아무 소망도 기대도 없는 인생의 벼랑 끝에서 하나님의 시험과 마주한다. 성경에도 오랜 가뭄으로 생활고에 시달리다 삶을 포기한 무명의 과부가 등장한다(왕상 17장).

이스라엘의 왕 아합과 왕비 이세벨이 우상 숭배에 빠져있을 때, 하나님은 엘리야 선지자를 통해 그들에게 심판을 선포하신다. 그것은 이스라엘 땅에 비와 이슬이 완전히 그치고 언제 끝날지 알 수 없는 지독한 가뭄이 임한다는 예언이었다. 그러고 나서 엘리야는 그릿 시냇가에 숨어 까마귀가 물어다주는 고기와 떡을 먹고 시내의 물을 마시며 연명해야 했다. 그러나 가뭄이 하염없이 길어지면서 그릿 시냇가의 물도 마르기 시작했다. 새로운 피신처를 찾아 나설 때가 된 것이다. 그때 하나님은 엘리야에게 "시돈 지역의 사르밧 동네로 가라. 내가 거기 사는 한 과부를 통해 너를 먹여 살리겠다."라고 말씀하셨다.

하나님의 말씀을 따라 사르밧에 도착한 엘리야는 성문에서 땔감용 나뭇가지를 줍고 있는 한 과부를 만나게 된다. 엘리야는 한눈에 그가 하나님이 말씀하신 과부인 줄 알아보고 말을 건넸다.

"아주머니, 죄송하지만 마실 물 한 잔 부탁해도 되겠습니까?"

여인이 물을 가져다주려고 하는데 엘리야가 또 다시 말했다.

"아주머니. 이왕이면 먹을 것도 같이 갖다 주십시오."

여인의 입장에서 보면 정말 뻔뻔한 부탁이다. 이스라엘뿐 아니라 그가 살고 있는 사르밧도 지독한 가뭄을 겪고 있다. 물 한 잔, 떡 한 조각이 너무나 귀한 때다. 그런데 생전 처음 보는 나그네가 너무도 당당하게 그걸 요구하고 있다. 그것도 찢어지게 가난한 과부인 자신에게 말이다.

"죄송하지만 내게는 먹을 것이 없습니다. 우리 집에 있는 거라고는 밀가루 한 줌과 기름 몇 방울뿐입니다. 정말 그게 전부입니다. 사실 나는 남은 밀가루와 기름으로 떡을 만들어 아들과 마지막 식사를 하려고 합니다. 그런 다음에는 아마 굶어 죽게 되겠지요."

아무것도 할 수 없어서 자신은 물론 아들의 삶까지 포기해야 하는 여인의 마음은 너무나 비참했을 것이다. 그런데도 '뻔뻔한' 엘리야는 부탁을 거두지 않았다.

"아주머니. 걱정하지 말고 남은 가루와 기름으로 떡을 만들어서 제게 먼저 갖다 주세요. 그런 다음에 남은 떡을 아들과 드십시오. 이 땅에 다시 비가 내릴 때까지 하나님이 계속해서 아주머니 집에 밀가루와 기름을 채워 주실 것입니다."

하나님을 믿는 이스라엘 사람이 이 말을 들었다면 기뻐하며

"아멘!"으로 받아들였을 것이다. 그러나 여기는 시돈이다. 상업이 발달한 항구도시 시돈은 이세벨 왕비의 고국이자 우상숭배의 중심지였다. 그런 곳에서 이스라엘의 하나님이 기적을 베푸실 거라는 선포는 헛소리와 거짓말로 여겨질 수밖에 없다. 그런데 이 여인은 엘리야의 말에 순종했다. 그러자 정말로 여인의 집에 밀가루와 기름이 떨어지지 않았다. 엘리야의 말대로 기적이 일어난 것이다. 도대체 어떻게 사르밧 과부는 엘리야의 말에 순종할 수 있었을까?

어쩌면 그에게 엘리야의 말은 실낱같지만, 그래도 어둠을 비추는 한줄기 희망으로 느껴졌을지 모른다. 마지막 음식을 먹어 치우고 아들과 굶어 죽겠다는 결심은 결코 쉽게 할 수 있는 것이 아니다. 그런 선택을 하기까지 여인은 사방으로 손을 내밀어 도움을 청했을 것이다.

"제발 저희 모자 좀 살려 주세요."

그리고 모두가 그를 거절했을 것이다.

"미안하지만 안 돼요. 나부터 살고 봐야죠(당신들이 어떻게 되든)."

하지만 엘리야의 말은 지금까지 여인이 들었던 것과 정반대였다.

"나부터 살아야겠어요. 하지만 그렇게 하면 당신들도 살 수 있어요."

이 뻔뻔한 소리가 희망적으로 느껴진 것은 여인에게 남은 것이 하나도 없었기 때문이다. 그는 자신과 아들이 곧 죽을 거라고 믿고 있었다. 어차피 그들에게 남은 밀가루와 기름으로는 1인분의 떡도 만들 수 없다. 마지막 식사조차 배부르게 먹을 수 없는 것이다. 이런 상황이었으니 여인에게는 엘리야가 원하는 대로 해주는 것이 그다지 밑질 것도 손해 볼 것도 없는 일이었다. 자신에게 살 길이 전혀 없다는 것을 분명히 알고 있었기에 살길이 있다는 엘리야의 말에 귀 기울이게 된 것이다.

나아만이 그랬던 것처럼 사르밧 과부도 구원받기 원했다. 굶주림과 외로움, 두려움과 염려로부터 구원받고 싶었다. 하지만 여인이 원하는 것은 '죽음을 통한' 구원이었다. 삶을 포기해서 '살아남기 위한 몸부림'과 '그로부터 비롯되는 두려움과 염려'에 종지부를 찍는 구원. 하지만 나아만과 달리 그는 자신이 아무것도 할 수 없는 절망 가운데 처해 있음을 정확하게 깨닫고 있었다. 그때 주어진 엘리야의 지시는 하나님이 사르밧 과부와 그 아들에게 내미신 구원의 손길이었다. 그는 즉시 순종했고 자신의 이해를 뛰어넘어 역사하시는 하나님을 경험할 수 있었다. 사르밧 과부는 오랜 가뭄과 엘리야의 뻔뻔한 요구라는 두 가지 '인생 용광로'를 통해 늘 그를 좌절시켜 왔던 현실을 뛰어넘는 기적을 체험할 수 있었다.

우리는 하나님이 우리 삶 가운데 어떤 일을 행하기 원하시는지 깨닫기는커녕 짐작조차 할 수 없다. 설사 주님이 원하시는 바가 무엇인지 미리 안다고 해도 받아들이지 못할 것이다. 은혜롭고 전능하신 하나님 대신 나 자신과 현실을 바라보며 두려워하고 부담스러워 할 것이기 때문이다. 그러므로 이해할 수 없어도 한 걸음씩 순종하며 나아가는 수밖에 없다. 그러다 보면 자기도 모르는 사이에 우리를 향한 그분의 계획이 이루어지는 것을 보게 될 것이다. 나는 삶에서 이것을 수도 없이 경험했다.

고난 가운데 있을 때는 사는 게 너무 힘들게 느껴졌다. 하지만 세월이 흐른 지금 그 시절의 기억은 내게 슬픔 대신 큰 기쁨을 안겨 준다. 어떻게 된 일일까? 하나님의 말씀에 순종한 덕분에 나를 향한 그분의 계획이 이루어지고 있음을 깨달았기 때문이다. 살다 보면 하나님이 명하신 것보다 다른 것을 하는 것이 더 쉬워 보일 때가 많다. 그럴 때 반드시 하나님이 신실하신 분임을 기억하자. 하나님은 마음으로 순종하며 그분의 명령을 그대로 행하는 이에게 꼭 신실하게 갚아 주신다. 그분은 우리가 상상할 수 있는 그 이상으로 우리의 인생을 아름답고 멋지게 풀어내신다. 순종하기 위해 우리가 치른 눈물과 아픔과 수고에 대해 하나도 놓치지 않고 반드시 보상해 주신다.

물론 어떤 보상도 하나님이 예수 그리스도를 통해 우리에게 베풀어 주신 은혜와 비교할 수는 없다. 힘든 역경 속에서도 살아 계신 하나님과 동행할 수 있는 것이야말로 순종하는 자에게만 주어지는 진정한 보상일 것이다.

새내기 장로, 새로운 지성전을 꿈꾸다

1994년 11월 11일, 나는 여의도순복음교회의 장로로 안수 받았다. 그러나 부끄럽게도 나는 아직 장로로서 주의 몸 된 교회를 섬길 준비가 되어 있지 않았다. 장로가 교회에서 무엇을 하며 어떤 역할을 감당해야 하는지 제대로 알지 못했던 것이다. 고맙게도 교회에서는 올바른 장로의 모습이 어떤 것인지 배우라는 의미로 나를 산본에 있는 엘림복지타운으로 파견해 주었다. 그곳에서 장로 대선배이며 상임이사이신 조남혁 장로님이 교회를 섬기며 이끄는 모습을 지켜보며 많은 것을 배울 수 있었다.

그리고 나서 나는 안산과 시화를 하나로 묶은 교구에서 지역협의회장을 맡게 되었다. 새로운 개발지역인데다 워낙 범위가 넓은 관계로 이 교구를 섬기면서 많은 일을 경험했다. 신축 아파트가 여기저기 들어서는 안산 지역에서는 거리전도를 활발하게 했었는데, 어떤 날은 밀짚모자를 쓰고 사모님과 함께 전도하러 나오신 은혜와진리교회 조용목 목사님 내외분을 우연히 만나 신개발지에 새로 입주하는 아파트의 전도를 서로 양보(?)한 적도 있었다. 또한 이 지역에서 남성 구역 심방예배를 드리려면 매번 산본에서 안산을 지나 시화까지 차량으로 30분씩 이동해야 했다. 그러다가 교통 상황이 좋지 않아 도착이 늦어지면 우리를 기다리던 성도가 "볼일이 있어 외출해야 하니 심방 오지 마세요."라며 전화를 걸어올 때가 있다. 그럴 때 조금 미안하긴 하지만 지역의 특성상 이럴 때 자주 써먹는 방법이 있다.

"정 바쁘시면 그냥 외출하셔도 됩니다. 우리는 문에다 손 얹고 기도만 하고 갈게요."

그러면 대부분 나가지 않고 끝까지 우리를 기다려 주었다. 단 한 번도 문에 기도하고 돌아선 적은 없었다.

계속해서 사역을 하다 보니 이 지역에도 지성전이 있으면 좋겠다는 생각이 들기 시작했다. 하루는 조남혁 장로님에게 지성전 설립에 대해 상의드렸더니 이런 말씀을 하셨다.

"그럼 김 장로님이 지성전을 세울 적절한 장소가 있는지 알아보고 교회로 사용할 수 있다는 사용 허가를 받아 오세요."

본격적으로 지성전 장소를 물색하던 중에 시화공단 안에 풍진화학 교회가 있다는 것이 생각났다. 우선 장소는 그곳으로 하고 예배는 위성으로 중계하면 큰 어려움 없이 지성전의 역할을 감당할 수 있을 것 같았다. 나는 풍진화학의 사장인 김종복 안수집사님을 만나 안산과 시화 지역의 성도들을 위한 지성전 장소로 풍진화학 교회를 사용하게 해달라고 부탁했다. 감사하게도 김 집사님은 내 부탁을 기쁘게 수락해 주었다. 곧바로 나는 안산과 시화 지역 성도를 위한 예배 처소가 필요한 상황과 풍진화학 교회를 지성전으로 사용하도록 허가해 달라는 내용을 공문으로 작성한 뒤, 조남혁 장로님의 승인을 받아 본 교회에 보냈다.

하지만 무엇 때문인지 본 교회에서는 지성전 설립 요청에 대해 아무런 답신도 주지 않았다. 6개월이 지나도 아무 이야기가 없어서 요청이 부결되었다고 결론을 내린 나는 지성전에 대한 생각을 접어 버렸다. 그러던 어느 날, 유학 중인 아이들을 방문하러 뉴질랜드에 가 있는데, 갑자기 교회로부터 연락이 왔다.

"장로님이 요청하신 대로 풍진화학 교회를 안산·시화 지역의 지성전 예배 처소로 사용하기로 했습니다. 담임 목회자로는 파라과이에서 사역하다 귀국한 윤종남 목사님이 섬기게 되셨고요. 장로님도 어서 귀국하셔서 윤 목사님과 함께 지성전 개척에 힘써 주십시오."

서둘러 귀국길에 오른 나는 시화공단에서 윤 목사님을 만났다.

"그런데 목사님은 어디서 출근하시나요?"

"아직 거처를 마련하지 못해서 사모와 아이들은 파라과이에 남아 있고요. 저만 발령받아서 한국에 들어왔습니다. 그래서 지금은 여의도 선교센터 7층에 머물고 있어요."

매일 여의도에서 시화공단으로 출퇴근한다는 목사님의 말에 깜짝 놀라 물었다.

"네? 그러면 새벽예배는 어떻게 하죠?"

목사님은 난처한 표정으로 대답했다.

"아직은 어렵습니다만 앞으로는 꼭 예배드려야죠. 김 장로님께서 많이 도와주십시오."

그 길로 나는 본 교회 총무국장을 만나 사택 문제에 대해 도움을 요청했다.

"지금 지성전 개척에서 가장 시급한 문제는 담임 목사님 가정의 거처를 구하는 겁니다. 본 교회에서 좀 도와주십시오."

하지만 엉뚱한 대답이 돌아왔다.

"장로님. 시화 쪽에서 어떻게 해결할 방법은 없습니까?"

"지금 시화에 파견된 장로는 저뿐입니다. 그리고는 권사님 한 분과 안수집사님 한 분, 성도 열댓 분 정도고요. 헌금은 당연히 전부 본 교회로 보냅니다. 어떻게 할까요?"

결국 아무 답변도 듣지 못한 채 돌아왔다.

어쨌든 담임목사님이 매일 여의도에서 시화까지 출퇴근하는 것을 그냥 보고만 있을 수는 없었다. 그래서 고민 끝에 생각해 낸 것이 바로 우리 집이었다.

"목사님. 거처가 정해질 때까지 일단 안산에 있는 우리 집에서 출퇴근 하시면 어떨까요? 마침 제 아내는 아이들을 돌보느라 뉴질랜드에 가 있으니 그렇게 하시죠."

그때부터 윤 목사님과 나는 매일 아침 일찍 함께 집을 나와 콩나물 국밥집에서 아침식사를 한 뒤, 목사님은 시화공단 내 풍진화학 교회로 가시고 나는 교회에서 500미터 떨어진 진우엔지니어링 공장으로 출근했다. 물론 퇴근도 함께 해서 순두부집에서 저녁식사를 하고 집으로 들어갔다. 하지만 계속 이렇게 지낼 수도 없어서 다시 본 교회 총무국장을 찾아가 사택 문제를 해결해 달라고 거듭 부탁했다. 다행히 이번에는 그에게서 긍정적인 답변을 들을 수 있었다.

"김종복 안수집사님이 지성전 창립예배를 준비하고 있을 겁니다. 그분과 상의해 보시면 어떨까요?"

그 말을 듣자마자 나는 김종복 안수집사님을 찾아가 창립예배 준비보다 담임목회자 사택 마련이 더 시급한 일이라고 설득했다. 이미 다른 쪽에 일부가 지출되어 절반 조금 넘는 금액밖에 남지 않았지만 나는 그 돈이라도 사용할 수 있다는 게 너무 감사했다. 모자란 액수를 더 보태서 겨우 교회 가까운 곳에 전세로 목사님의 사택을 마련했다. 덕분에 우리는 기다리고 기다리던 새벽예배를 시작할 수 있었고, 그제야 교회의 숨통이 트이는 것 같았다.

불평을 감사로 바꿔 주신 하나님

그러나 안산·시화 지성전이 반듯한 교회의 형태를 갖추기 위해서는 해결해야 할 일들이 많이 남아 있었다. 당시 가장 큰 어려움은 '인력난'이었다. 해야 할 일은 많은데 봉사하겠다는 손길이 턱없이 부족했다. 당시 지성전에서는 교회 성장을 위한 부흥회가 자주 열렸다. 그럴 때마다 강사 접대를 하게 되는데, 모임이 끝나면 다들 그냥 자리를 떠나 버려서 뒷정리는 늘 내 몫이었다. 그럴 정도로 섬기는 사람이 적었다. 하지만 초창기 이곳 성도들은 경제적 형편이 좋지 않아 생계활동에 전념하느라 교회 봉사에 시간을 내기 어려웠다. 게다가 자기 주관이 너무 뚜렷해서 웬만해서는 남의 이야기를 귀담아 들으려 하지 않았다.

한번은 어떤 집사님에게 교회 봉사를 부탁했다가 무안을 당한 적이 있다. 교회 행정이나 봉사하는 방법을 잘 모르는 분이어서 아주 조심스럽게 말을 꺼냈다.

"하나님은 교회를 섬기고 돌보는 것을 기뻐하십니다. 집사님도 교회에서 봉사해 보시면 좋을 것 같은데. 어떠신가요?"

그러자 그 집사님은 정색을 하며 내게 이렇게 쏘아붙였다.

"장로님이라고 그렇게 남 사정 생각하지 않고 함부로 말씀하시면 안 되죠!"

어찌나 민감하게 반응하던지 '사태'를 수습하느라 난감했던 기억이 난다.

또 이 일을 전해 들은 한 권사님은 내게 이런 충고를 했다.

"장로님께서 아직 경험이 부족해서 잘 모르시는 모양인데요. 이곳은 여의도 본 교회와 사정이 많이 다릅니다. 여기 교인들은 자율봉사를 간섭하고 억지로 뭘 시키면 훌쩍 다른 교회로 가버립니다."

내용만 보면 나를 생각해 주는 말이었지만 그 권사님의 눈빛과 표정, 말투는 '당신은 아무것도 모르니 설치지 말고 얌전히 있어라.'라는 메시지를 전달하고 있었다. 너무 안타깝고 마음이 아팠다. 뚜렷한 주관을 갖고 있는 것은 좋지만 하나같이 하나님의 몸인 교회가 아니라 자기(를 위한)주장일 뿐이었다. 인산·시화의 성도들이 예배만 함께 드리는 것이 아니라 진정한 신앙 공동체로 거듭 나기 위해서는 반드시 극복해야 할 과제였다. 그것이 내겐 또 하나의 기도제목이었다.

　무엇보다 교회와 성도들을 섬겨 본 경험이 짧은 장로라는 점이 교회 개척 초기에 가장 힘든 요인이었던 것 같다. 개척 단계라고 해서 새신자 전도만 열심히 하면 되는 것이 아니었다. 결정하고 처리해야 할 일이 많아 회의를 자주 했는데 경험 부족 때문인지 그 시간이 힘들고 불편했다.

　아마 담임목사님도 미숙한 장로와 동역하는 것이 쉽지 않으셨을 것이다. 한번은 성찬방법에 관해 담임목사님께 다른 의견을 낸 적이 있었다. 삼 년 차밖에 안 된 '초짜' 장로였지만 그래도 성찬식만큼은 10여 년 넘게 본 교회에서 착실하게 섬긴 경험이 있었다. 그래서 전에 배운 대로 안수집사님 한 분과 함께 성찬을 준비하려고 하는데, 담임목사님은 반드시 전도사님과 성찬을 준비해야 한다고 하시는 것이었다. 어떤 것이 옳은지 확인하기 위해 본 교회 장로회장님을 찾아갔더니 "장로님 생각대로 안수집사님과 함께 준비하세요."라는 답을 주셨다. 그래서 담임목사님께 이 내용을

- 마음 상하시지 않도록 정중하게 - 말씀드리고 본 교회에서 배운 대로 성찬식을 준비하고 진행했다. 돌아보면 담임목사님께 죄송한 마음이 들기도 한다. 경험 많은 장로였다면 충분히 덕스럽고 원만하게 처리할 수 있는 일이었는데 너무 미숙하게 행동했던 것 같다.

이러다 보니 주일마다 작은 개척교회에서 장로로 섬긴다는 것이 갈수록 어렵고 부담스럽기만 했다. 함께 안수 받은 '동기' 장로님들은 장로 훈련을 마치고 본 교회로 돌아가 분과위원으로 편하게 지내는데 왜 나만 혼자 지성전에 남아 이 고생을 하나 싶어 서글펐다. 나중에는 장로가 된 것을 후회할 정도로 심각한 스트레스 상태에 빠지기도 했다.

"경험 짧고 능력 없는 제가 혼자서 이곳을 섬기는 건 무리입니다. 제발 동료나 후배 장로님 좀 보내 주세요!"

장로실에 아무리 요청해도 돌아오는 답은 늘 똑같았다.

"죄송합니다만 그곳에 가고 싶어 하시는 장로님이 없습니다. 다들 그곳은 힘들어서 못 가겠다고 하시네요."

그러던 어느 주일, 힘없이 앉아서 위성으로 2부 예배를 드리고 있는데 조용기 목사님이 설교 중에 이런 말씀을 하셨다.

"장로가 시험 받지 않으면 가짜 장로입니다. 시험을 통해 연단 받아야 진정한 하나님의 종이 됩니다."

분명 맞는 말이기는 한데 받아들이기 어려웠다. 내 마음속에는 오직 '언제쯤 이렇게 힘든 지성전 개척지를 떠나 남들처럼 편하게 신앙생활 할 수 있을까.'하는 생각뿐이었다. 그러다가 우연히 읽게 된 성경 본문을 통해 목사님이 설교 중에 하신 말씀이 새롭게 다가오는 경험을 하게 되었다. 그것은 구약성경 예레미야 29장이었다. 여기에는 예레미야 선지자가 바벨론에 포로로 끌려간 이스라엘 백성에게 보낸 편지의 내용이 실려 있다.

자신들이 살던 이스라엘과 모든 것이 다른 바벨론에서 이스라엘 백성은 인생 전체가 뒤집히는 끔찍한 경험을 했다. 그들은 앞으로 어떻게 살아야 할지, 언제까지 이렇게 살아야 할지 알 수 없었기에 절망에 빠져 있었다. 그런데 예레미야는 그런 사람들에게 의외의 메시지를 전한다. 그것은 "이곳 바벨론에 정착해서, 이곳에서 하나님을 만나, 이곳에서부터 그분이 이루실 미래를 바라보라."는 것이었다.

> 너희는 집을 짓고 거기에 살며 텃밭을 만들고 그 열매를 먹으라 아내를 맞이하여 자녀를 낳으며 너희 아들이 아내를 맞이하며 너희 딸이 남편을 맞아 그들로 자녀를 낳게 하여 너희가 거기에서 번성하고 줄어들지 아니하게 하라 너희는 내가 사로잡혀 가게 한 그 성읍의 평안을 구하고 그를 위하여 여호와께 기도하라 이는 그 성읍이 평안함으로 너희도 평안할 것임이라
> (렘 29:5-7)

예레미야는 이스라엘 백성에게 바벨론에 터를 잡으라고 말했다. 집에 갈 생각 그만하고 그곳에서 열심히 살아가라는 것이다. 이것은 바벨론을 무너뜨리고 자신들을 귀환시켜 달라는 당시 이스라엘 포로들의 기도제목과 정반대되는 메시지였다. 하나님은 바벨론에 끌려온 이스라엘 백성들이 어떤 상태이며 무엇을 바라고 있는지 다 알고 계셨을 것이다. 그런 분이 왜 이런 말씀을 하신 것일까?

당장 떠나고 싶은 곳에 서 있다 해도 그곳에서 해야 할 일을 잘 감당하고, 아무리 뛰쳐나가고 싶어도 자포자기하지 말고 삶의 모든 영역에서 최선을 다하며, 심지어 지금 그곳의 평안을 위해 기도하라는 건 한마디로 "마음 붙이고 살라."는 의미다. 아무리 '정 붙이면 어디든 고향'이라지만 어떻게 하나님이 자신의 백성에게 이방의 땅에 정착하라고 할 수 있단 말인가? 그 해답은 바로 12절과 13절에 있었다.

> 너희가 내게 부르짖으며 내게 와서 기도하면 내가 너희들의 기도를 들을 것이요 너희가 온 마음으로 나를 구하면 나를 찾을 것이요 나를 만나리라(렘 29:12-13)

하나님이 이스라엘 백성에게 바벨론을 제2의 고향 삼아 살아가라고 하신 것은 그들을 바벨론에 방치하거나 내버리기 위해서가 아니었다. 바로 이곳 바벨론에서 이스라엘 백성을 그분 가까이 이끌어 내기로 작정하셨기 때문이었다.

바벨론은 이방의 땅, 우상숭배의 땅, 원수의 땅이다. 하나님을 새롭게 경험하기는커녕 과거의 하나님 체험마저 잊어버리게 될 환경이다. 당연히 이스라엘 포로들은 '여기서는 하나님을 만날 수 없어! 우리는 하나님으로부터 완전히 멀어졌어!'라며 절망했을 것이다. 그러나 하나님은 가장 그분이 계시지 않을 것 같은 곳을 자기 백성과의 '만남의 장소'로 삼으셨다.

누구라도 힘겨운 고난의 터널 속에서는 하나님을 찾기 어렵다. 하나님이 나를 외면하고 멀리 떠나 버리신 것만 같다. 하지만 우리의 하나님 체험도 고난 속에서 이루어진다. 고통 가운데 울며 부르짖다가 마음이 상한 자를 치유하고 위로하시는 하나님의 역사와 성령을 만나 그분이 살아 계시며 우리의 기도를 들으시는 분임을 깨닫게 된다. 마찬가지로 하나님을 대적하는 우상숭배의 땅이라도 깨지고 상한 심령으로 전심을 다해 구하면, 하나님이 반드시 만나 주시고 기도를 들으시며 살아 계신 그분의 능력을 보여 주시겠다는 것이다.

이스라엘 백성의 포로생활은 형벌이나 고난이 아니라 새로운 희망과 평안의 시작이었다. 하나님이 그렇게 하기로 계획하셨기 때문이다. 그것이 바로 우리가 잘 아는 11절 말씀이다.

여호와의 말씀이니라 너희를 향한 나의 생각을 내가 아나니 평

안이요 재앙이 아니니라 너희에게 미래와 희망을 주는 것이니라(렘 29:11)

하지만 보이는 것에 매여 있는 사람에게 이 말씀은 받아들이기 힘든 메시지다. 우리를 향한 하나님의 계획이 현재 시점에서는 보거나 만질 수 없는 미래에 관한 일이기 때문이다. 이스라엘 포로들은 자신들의 상황을 재앙으로 여겼다. 보고 느끼는 것을 따른다면 그게 현실적으로 올바른 판단이다. 그런데 하나님은 그 상황을 재앙이 아니라 평안의 시작이라 부르셨다. 지금 벌어지고 있는 모든 일이 새로운 미래와 희망을 향해 움직이고 있다는 의미다. 도망치지 말고 고난의 한가운데 머물러 있으라고 하신 것은 현재가 아니라 미래를 위한 명령이었다. 그 명령에 순종할 때 비로소 우리는 인생의 고통까지 전능하신 하나님의 역사로 인정하고 받아들이는 믿음을 소유하게 될 것이다.

나는 이 말씀 덕분에 지성전 사역을 다시 바라보게 되었다. 현재의 모든 어려움은 희망과 평안을 주시려는 하나님의 계획이었다. 하나님은 지금 있는 곳에 뿌리를 내리고 최선을 다해 주어진 책임을 감당하라고 말씀하시며 그 시간 속에서 나를 만나겠다고 약속하셨다. 하나님이 내게 원하신 것은 뛰어난 능력을 발휘해서 많은 사람에게 인정받는 것이 아니라 어떤 상황에서도 미래가 있음을 기억하고 희망을 붙잡는 것이었다.

그때부터 무슨 일을 만나든지 감사하는 마음이 배 속부터 차올라 "감사합니다. 주님."이라는 고백을 입에 달고 다녔다. "내가 왜 이걸 해야 하지? 왜 나만 이걸 해야 하지?"라는 불평이 "이렇게 감사한데 뭘 하면 좋을까? 어떻게 하면 더 많이 섬길 수 있을까?"라는 감사로 변화된 것이다.

하나님은 작고 초라한 풍진교회를 밀알로 삼아 신실하게 그분의 일을 행하셨다. 이곳 덕분에 안산과 시화 지역의 성도들이 멀리 여의도까지 오지 않고도 하나님을 예배할 수 있게 되었고, 장차 여의도순복음교회 안산 성전과 시화 성전이 세워지는 기틀을 마련할 수 있었다.

살아 계신 하나님이 당신을 부르신다

책을 마무리하며 마지막으로 드는 궁금증이 있다.

"하나님은 왜 내 인생에 함께하셨을까? 하나님은 왜 내게 그분의 살아 계심을 나타내셨을까? 하나님은 왜 내 삶에 능력으로 임하셔서 어려움과 고난을 이겨 내게 하셨을까?"

나는 이미 내가 특별해서, 하나님이 특별한 사람만 도와주시는 분이어서 그런 것이 아니라는 사실을 1장에서 밝힌 바 있다. 그렇다면 하나님은 왜 내 인생에 함께하셨을까?

나를 사랑하시기 때문이다. 이 책을 읽다 보면 문제 해결과 소원 성취를 이뤄 주는 그분의 능력이 더 신기하고 관심이 가겠지만 그것은 내가 당신과 나누기 원하는 본질이 아니다. 가장 중요한 것은 하나님이 나를 사랑하는 분이라는 사실이다. 하나님은 나를 사랑하시기 때문에 내게 은혜를 베푸셨다. 그 은혜로 그분의 사랑을 나타내신 것이다.

당신도 살아 계셔서 능력으로 역사하시는 하나님을 경험하기 원하는가? 그렇다면 하나님의 살아 계심을 믿어라. 그리고 하나님이 당신을 사랑하신다는 것을 믿어라. 어쩌면 하나님이 계심보다 그분이 당신을 사랑하신다는 것을 더 믿기 어려울지 모르겠다. 하나님이 왜? 왜 나를? 왜 나 같은 사람을 사랑하신다는 말인가?

나를 지으신 분이기 때문이다. 나를 먼저 사랑하셨고 아무 대가 없이 – 내가 아무것도 모를 때, 내가 아직 죄인이었을 때 – 하나뿐인 독생자 예수 그리스도를 보내셔서 죄와 사망에서 구원해 주셨다. 하나님은 내게 그 사랑을 내면의 연약함과 내 앞을 가로막는 세상의 장애물을 뛰어넘게 하는 능력으로 나타내셨다. 이것을 믿는다면 하나님은 당신의 삶에서도 동일하게 행하실 것이다. 그리고 우리가 건강한 자화상을 가지고 이 세상과 다음 세대에 아름다운 발자취를 남기게 하실 것이다. 이 세상에는 하나님의 말씀에 불순종하며 죄악의 발자취를 남기는 사람도 있고, 살아가는 의미를 발견하지 못해 무의미한 발자취를 남기는 사람도 있다. 지금 당신은 어떤 발자취를 남기며 살고 있는가?

　하나님은 우리가 귀하고 아름다운 발자취를 남기는 인생을 살도록 도우신다. 뭔가 크고 대단한 업적을 이루라는 말이 아니다. 성실하게 하나님의 말씀에 순종하고, 고난 앞에서 도망치지 않고 하나님만 의지하고, 자신의 한계와 연약함을 인정하며 하나님의 능력을 간구하고, 보이는 현실이 아니라 하나님이 이루실 미래를 바라보며 감사하면 된다. 나의 몫은 거기까지다. 지금까지 내 인생 전체를 통해 하나님이 이루어 오셨다. 이 이야기만으로도 얼마나 위로가 되고 희망이 되는지 모른다.

　지금 이 순간 당신도 그 하나님을 찾고 만날 수 있다. 하나님의 살아 계심을 경험하고 그분의 능력과 사랑을 맛보아 알 수 있을 것이다. 비록 부족한 믿음이지만 나도 감히 이렇게 말할 수 있다. 당신을 창조하시고 사랑하시며 곁에서 지켜보고 계신 나와 당신의 하나님께 다윗처럼 큰 소리로 이렇게 외쳐 보기 바란다.

　"나의 힘이 되신 여호와여! 내가 주님을 사랑합니다!"

　칠십 고봉을 막 지나며 잊히지 않는 한 장면이 떠오른다. 이탈리아 몬테카티니 지중해 해변에 하얀 안개가 짙게 끼어 있던 1월 어느 날, 긴 코트에 둥근 모자를 쓴 노부인이 남편으로 보이는 노신사의 팔짱을 끼고 어깨에 기대어 함께 걸어가면서 행복해 보이던 얼굴, 그 주위를 앞뒤로 평화롭게 걸어가고 있는 흰색 강아지와 함께 하얀 안개 속으로 걸어가고 있던 모습.

나의 인생길을 혼자서 타박타박 걸어가다가 빛 되신 주님을 만나서 그분의 어깨에 살짝 기대고 행복한 시간을 보내는 지금의 내 모습처럼 느껴진다. 나의 인생길에서 동반자가 되어 주시는 주님, 감사합니다.

은혜 아시면

초판 1쇄 발행 | 2017년 05월 11일

지은이 | 김학재
펴낸곳 | 교회성장연구소
발행인 | 이영훈
주 간 | 김호성
편집인 | 김형근
편집장 | 박인순
기획·편집 | 강지은
영업·마케팅 | 김미현, 이경재, 이기쁨
디자인 | 최희선

등록번호 | 제 12-177호
주 소 | 서울특별시 영등포구 여의공원로 101 CCMM빌딩 7층 703B호
웹사이트 | www.pastor21.net
쇼핑몰 | www.pastormall.net
마케팅팀 | 02-2036-7935
단행본팀 | 02-2036-7928

ISBN | 978-89-8304-265-1 03230

※ 책 가격은 뒤표지에 있습니다.
※ 잘못 만들어진 책은 바꿔 드립니다.

"무슨 일을 하든지 마음을 다하여 주께 하듯 하라" (골 3:23)

교회성장연구소는 한국 모든 교회가 건강한 교회성장을 이루어 하나님 나라에 영광을 돌리는 일꾼으로 성장하는 것을 목표로, 목회자의 사역은 물론 성도들의 영적 성장을 도울 수 있는 필독서들을 출간하고 있다. 주를 섬기는 사명감을 바탕으로 모든 사역의 시작과 끝을 기도로 임하며 사람 중심이 아닌 하나님 중심으로 경영한다. "무슨 일을 하든지 마음을 다하여 주께 하듯 하라"는 말씀을 늘 마음에 새겨 하나님께서 주신 사명을 기쁨으로 감당한다.